道徳科授業サポートBOOKS

インクルーシブな道徳科授業づくり

―個別最適な学びの実現―

田沼茂紀 編著

明治図書

はじめに

　もう30年も前のことです。編者は地方国立大学へ移籍する前，首都圏の公立学校教諭として勤務していました。若さという勢いだけを頼りに，特定の指導方法論に縛られないそれこそ自由奔放な「道徳の時間」の授業実践に明け暮れる楽しい時代でした。そんなある日の教室で，思いがけない，H君のたったひとりの道徳授業ボイコットに遭遇しました。

　「オレ，もう止めた！　みんなが何言っているのか，ちっともわからない！」道徳の時間にH君が突然叫んで教室を飛び出そうとしました。慌てて，「待ちなさい！　どうしたっていうんだ！」と叫びながらH君を制止したのですが，そのときに編者に向けられた彼の悲しそうな必死で訴えかけるような瞳が今でも昨日のことのように思い起こされます。

　いつも感性を研ぎ澄ませたするどい発言を浴びせてくるH君，直感的ではあるが屈託のないH君，小学校3年生としては大人びたような，それでいて幼児のような言動をするH君，担任としてどう理解してよいのかわからず戸惑うことばかりでした。その当時は，「なんであんなにムラがあるのか？」「あの強いこだわりの原因は何だろう？」「もしかして，自分の授業の進め方が何か間違っているのかな？」とあれこれ考えを巡らし，教室に向かうのが憂鬱になってしまうことも正直なところ一度や二度ではありませんでした。

　そんな中で，ふと気づいたことがありました。H君が暴れるのは，きまって国語科や道徳の時間のときだったのです。そして，それも毎回ではありませんでした。その日に学習する教材内容に左右されるのでした。あるとき，「あっ！」と気がつきました。H君は，長文の児童文学作品や道徳感動教材がとても苦手だったのです。道徳授業で例示するなら，H君は登場人物相互の関係性，置かれた道徳的状況等が明確であれば，対比的に捉えて人物の内面的理解ができるのです。ですから，役割演技やグループ討論等で考えるような授業は問題なく参加できるのですが，感動教材を子ども自身がじっくりと自己内対話をして考えるような学習，これこそがH君がたまりかねたように癇癪を起こすときだったのです。

　今さら悔いても仕方ないのですが，H君は今日でいうところの「合理的配慮」を必要とする発達障がいの傾向をもつ子どもだったに違いありません。ある学習では優れた洞察力が発揮されて大人顔負けのするどい観察眼を発揮するのですが，もう一方の学習では教科書等の教材をきちんと読み込めば容易に理解できそうなことが全く理解できないのです。そんなH君の道徳授業ボイコット事件があってから，国語科や道徳の時間の授業では教材を丁寧に提示し，みんなでまず登場人物の関係や置かれた状況，場面推移を十分すぎるくらいに押さえてから本質部分に切り込むような指導スタイルに切り替えました。ほろ苦い思い出です。

令和3年文月　　田沼　茂紀

Contents

3章　インクルーシブの視点を入れた
　　　道徳科授業づくり

4章　インクルーシブの視点を入れた
　　　道徳学習評価とその活用

5章　インクルーシブ教育×道徳科Q＆A

おわりに

1章

インクルーシブ教育
と道徳科

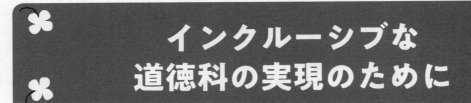

インクルーシブな道徳科の実現のために

特別な支援が求められる子どもたちを理解する

❶なぜ今，道徳科でインクルーシブ教育なのか

　平成から令和へと改元され，「道徳の時間」から「特別の教科　道徳」へと移行転換したばかりの道徳科も新たな時代の鼓動が手ごたえとして実感できるようになってきました。

　例えば，これまで早急の課題と期待されながらも，そう簡単に実現できるのかと半信半疑であったGIGA（Global and Innovation Gateway for All）スクール構想も我が国のみならず全世界を席巻した新型コロナウイルス感染症（COVID-19）拡大余波が思いがけない追い風となって，新たな学校教育スタンダードとして定着しつつあります。このGIGAスクール構想の実現は，子どもたちの未来へつながるインクルーシブで個別最適化された道徳学びの実現にも大きな変化をもたらそうとしています。

　これからの時代に生きる子どもたちには，GIGAスクール構想で意図するICTを基盤とした情報活用能力が不可欠です。「Society 5.0」と称される新たな社会では，サイバー空間（仮想空間）とフィジカル空間（現実空間）が融合し合った高度な経済発展と持続可能な社会の両立が可能となる人間中心社会の実現を目指しています。これまで人類が歩んできた狩猟社会（Society 1.0）→農耕社会（Society 2.0）→工業社会（Society 3.0）→情報社会（Society 4.0）に続く新たな人間中心社会の実現は，これまで脈々と受け継がれて疑念すらもたないできた学校教育の枠組みやその方法論的発想そのものを大きく転換する原動力となるに違いありません。そこで想定されるのは，一人ひとりの子どもに軸足を置いて展開される個に寄り添う教育の姿です。つまり，明日の未来の学校では2021年1月に公にされた中央教育審議会答申「『令和の日本型学校教育』の構築を目指して〜全ての子供たちの可能性を引き出す，個別最適な学びと，協働的な学びの実現〜」で述べられているような多様な子どもたちを誰ひとりとり残すことなく，公正に個別最適化された創造性を育む教育を実現するための力強い大きな一歩となるのです。とりわけ，これまで教師が気になりながらもきちんと目を向けきれていなかったり，十分に手を差し伸べられていなかったりした「困り感」を感じている子どもたちにとって，ICT化はインクルーシブ教育促進の好機となることは間違いないと考えます。

❷「どうしたいの？」「どうしてほしいの？」と寄り添うことの大切さ

　少し前のことですが，2012年12月に文部科学省が「通常の学級に在籍する発達障害の可能性のある特別な教育的支援を必要とする児童生徒に関する調査」の結果を公表しました。その内容は，大変ショッキングなものでした。通常の学級に在籍する子どもたちの6.5％が，何らかの発達障がい（以降，引用等以外はこの表記）の可能性があるというのです。この結果について教育関係者は一方では驚き，もう一方では「やっぱり」と納得をもって受け止められました。つまり，通常の35名程度の学級であれば，学習面（「聞く」「話す」「読む」「書く」「計算する」「推論する」），行動面（「不注意」「多動性－衝動性」「対人関係構築やこだわり等」）といった学校生活に支障をきたす何らかの困り感を抱えている子どもが2～3名は確実に存在するというリアルな実感です。

　「発達障がい」とは，2016年8月に改正された「発達障害者支援法」での定義によれば，「自閉症，アスペルガー症候群その他の広汎性発達障害，学習障害，注意欠陥多動性障害その他これに類する脳機能の障害であってその症状が通常低年齢において発現するものとして政令で定めるものをいう」と規定されています。

　発達障がいは，その特徴から大別すると3分類されます。1つ目は，言動全般に影響を及ぼして他者とのコミュニケーションや社会的関係性構築がうまくできなかったり，興味・関心や行動が偏ったりして支障をきたす等の特徴をもつ自閉スペクトラム症（ASD：Autism Spectrum Disorder）です。2つ目は，自分の感情をコントロールできなかったり，物事への集中が持続できなかったり，他者の表情等から感情を理解できなかったりする多動性や衝動性といった行動面での障がいである注意欠陥・多動性障がい（ADHD：Attention-Deficit Hyperactivity Disorder）です。そして，3つ目が，学習障がい（LD：Learning Disability）です。LDは，全般的に知的発達面で遅れが見られないものの，「聞く」「話す」「読む」「書く」「計算する」「推論する」といった部分的な能力に困難が伴う発達障がいです。また，LDにはタイプがあって，読字障がい（ディスレクシア：dyslexia），書字障がい（ディスグラフィア：dysgraphia），算数障がい（ディスカリキュリア：dyscalculia）に分けられるのが一般的です。

　この3種類の他に，知的な遅れが認められる知的発達症や運動面での支障をきたす発達性協調運動症（DCD：Developmental Coordination Disorder）等を含める場合もあります。時代の推移によって障がいの名称が変更になったり，分類の仕方が変わったりしますが，中には複数の症状をあわせもっている重複障がいの子どもたちも少なからず存在します。

　そんな子どもたちに教師が積極的にできることは，その困り感に気づいて寄り添うことです。簡単なことではありませんが，本人が自覚していなかったら保護者と連携するのも重要なことです。困り感を抱える子どもに，「どうしたいの？」「どうしてほしいの？」と問いかけるところから人間教育としての道徳学習の第一歩が始まると考えます。

❸学校教育における「合理的配慮」の意味と考え方

　学級内の子ども一人ひとりが抱える困り感や個別の事情を正しく理解し，それぞれの状況に即した「合理的配慮」を行うことは，学校教育において何も特別な対応ではありません。合理的配慮とは，2013年制定の「障害を理由とする差別の解消の推進に関する法律」によれば，障がい者から社会的障壁の除去を必要としている旨の意思の表明があった場合，その実施に伴う負担が過重でない場合は社会的障壁の除去の実施について必要かつ合理的な配慮をするように努めなければならないことを意味しています。

　同法の2016年４月施行に際し，文部科学省では学校における合理的配慮の観点として以下のような３観点11項目を示しています。

1　教育内容・方法
　1－(1)　教育内容
　　1－(1)－①　学習上又は生活上の困難を改善・克服するための配慮
　　1－(1)－②　学習内容の変更・調整
　1－(2)　教育方法
　　1－(2)－①　情報・コミュニケーション及び教材の配慮
　　1－(2)－②　学習機会や体験の確保
　　1－(2)－③　心理面・健康面の配慮
2　支援体制
　2－(1)　専門性のある指導体制の整備
　2－(2)　子ども，教職員，保護者，地域の理解啓発を図るための配慮
　2－(3)　災害時等の支援体制の整備
3　施設・設備
　3－(1)　校内環境のバリアフリー化
　3－(2)　発達，障害の状態及び特性等に応じた指導ができる施設・設備の配慮
　3－(3)　災害時等への対応に必要な施設・設備の配慮

　ここでいう合理的配慮とは，子ども一人ひとりの状況に応じて学校と本人及び保護者が合意形成の下，障がいによる必要感に応じて「個別の教育支援計画」「個別の指導計画」といった具体的な形で支援提供することを意味します。各学校に配置された特別支援教育コーディネーターは個々の障がいへの適切な支援促進のため，校内に設置された特別支援教育委員会等の名称をもつ専門検討委員会を運営し，専門家の指導助言も受けながら関係機関・関係者間をコーディネートし，協同（cooperation）して個別の障がいの実態や教育的ニーズ等に応じて適切な教育が提供できるよう努めなければなりません。

❹インクルーシブ教育の必然性と道徳学習の視点

　今日の学校では，障がいをもつ子どもたちへの合理的配慮を教育活動で展開するのは当然のこととなっています。では，障がいを有しない子どもたちへの配慮はどうなっているのでしょうか？　要は，障がいの有無ではなく，どの子どもも一人ひとりがかけがえのない存在として尊重され，とり残されることなくその教育ニーズを満たすことができる環境，すべての子どもを包摂する教育の実現こそ，インクルーシブ教育が目指すものです。

　国立特別支援教育総合研究所の『特別支援教育の基礎・基本　新訂版』(2015年) には，「人間の多様性の尊重等を強化し，障害者が精神的及び身体的な能力等を可能な最大限まで発達させ，自由な社会に効果的に参加することを可能にするという目的の下，障害のある者と障害のない者が共に学ぶ仕組み」とインクルーシブ教育システム (Inclusive Education System) について解説しています。つまり，障がいをもつ子どもはもちろんのこと，そうでなくても教育制度機会から排除されないことを意味しています。

　このようなインクルーシブ教育への転換は，どのような経緯で実現したのでしょうか。いうまでもなく，様々な背景や事情があってもすべて包み込み，支え合うというインクルーシブの対義語はイクスクルーシブ (exclusive) で，排除的とか排他的といった意味で用いられます。障がいに限らず，性差や人種等を理由に異質な存在を排除しようとする感情は我が国のみならず，どこの国や社会にも根強くあります。

　インクルーシブ教育の前提となる「万人のための教育 (Education for All)」という視点に立つなら，「世界人権宣言 (1948年)」「経済的・社会的及び文化的権利に関する国際規約 (1966年)」「障害者に関する世界行動計画 (1982年)」「子どもの権利条約 (1989年)」「万人のための教育世界会議 (ジョムティエン・1990年)」「世界教育フォーラム (ダカール・2000年)」「障害者の権利に関する条約 (2006年)」等が主な取り組みの歴史として挙げられます。しかし，普通教育において障がいをもつ子どものインクルージョンを初めて明文化して打ち出した国際的な取り決めとして最も知られているのは，1994年6月にスペインのサラマンカで92か国と25の国際組織を集めて開催された「特別なニーズ教育に関する世界会議」でした。そこでとりまとめられたサラマンカ声明では，「すべての人を含み，個人主義を尊重し，学習を支援し，個別のニーズに対応する施設に向けた活動の必要性の認識」が謳われています。この理念の実現こそ，今求められているのです。

　本書のコンセプトは，共に生き，共に学び，共に喜びを分かち合えるウェルビーイング (Well-being：望ましい良好な状態) な学習環境の実現です。つまり，道徳科の理念や目標に照らしたウェルビーイングな学習環境の実現，さらには道徳科から少し視野を広げた日々の学校生活の中でのインクルーシブな取り組みの促進です。インクルーシブな道徳学習環境の醸成こそ，他者と共により善く生きることそのものの実現と考えるからです。

❺インクルーシブな道徳学習実現とモラルラーニング・スキル（MLS）

　インクルーシブな教育とか，インクルーシブな道徳学習を実現するといった場合，子どもに障がいがあろうとなかろうと，ひとりの人間として自らの人生を他者と共により善く生きるための人格形成に寄与する主体的な道徳性の育みが見て取れるような学習状態の実現であることはおおよその察しがつくところではないかと思います。ただ，そのためには子どもたちをどう理解し，どう日々の道徳科授業の中で支援していけばよいのかと考え始めると，そうたやすくはイメージしにくい面もあろうかと考えます。本書ではそのような疑念や懸念を払拭しつつ，ほんの少しのアイデアや手立てを講ずることで子どもたちが個々に抱える困り感を解消したり，道徳学習での学びがより深められたりするような道徳的資質・能力形成に寄与するスキルやツールを念頭に，実践的に述べていきたいと思います。

　しかし，そんなに便利で簡単に活用できるインクルーシブ教育実現ツールがあるのなら，それはずっと以前からやられてきたはずではないかといった声も聞こえてきそうです。その通りです。ならば，それがみんなで共有する状況にまで至らなかった理由は何だったのでしょうか。他の教科学習であれば反復することで知識やスキルが定着する事例も考えられますが，道徳学習では単なる行動ルールや他律的マナー学習といった押しつけ的な外的道徳に終始してしまうため，本来の人間としての自律的な在り方・生き方学習には結びつけにくいとされてきた事情もあったからです。よって，個々の教師が体験的に蓄積した指導ツールがあっても，個人のレベルで終わっていました。それを整理し，そのツールによって子ども自身の道徳学びの力となって作用するモラルラーニング・スキル（ズ）（Moral Learning Skills）として育てるようにすれば，道徳科授業は大きく転換します。まずは，「その程度のこと」というレベルからインクルーシブな道徳学習を可能にするために子どもに培うモラルラーニング・スキルの共有化を促進していくことがとても重要だと考えます。なぜなら，私たちは体験的に本質を学ぶことができるからです。

　例えば，私たちは2019年末より世界中を席巻した新型コロナウイルス感染症から多くの体験的な学びをしました。社会的活動が制限され，これまでその有効性について半信半疑であったテレワークとか，オンライン授業・会議等について，とてつもないリアリティが伴う学びをすることができました。その体験は刺激的でした。急速な感染拡大によってその利用可能性を吟味したり，活用の是非を判断したりする余裕すら与えられず，即実践という荒療治を受けました。しかし，その結果は「案ずるより産むが易し」のことわざ通りでした。利便性に富み，可能性を拓く情報ツールとして手放せなくなっている自分に後から気づかされたような次第です。人と人とがつながり，人と社会とがつながることをリアル体験した私たちは，その中で他者と共に生きる，自他が共に善く生きることの大切さにも改めて思い至りました。きっと，モラルラーニング・スキルも同様だと思います。

❻ウェルビーイングな道徳学習を実現するためのモラルラーニング・スキル

　学校で展開される道徳科授業では，小・中学校学習指導要領「前文」にも明記されているように，子ども一人ひとりが自分の善さや可能性を認識するとともに他者を価値のある存在として尊重し，多様な価値観の人々と協働（collaboration）しながら様々な社会的変化を乗り越え，豊かな人生を切り拓きつつ持続可能な社会の創り手として活躍する必須要件となる道徳的資質・能力の育成を目指します。しかし，それが子どもの障がいによって阻まれることもあります。例えば，「聞く」「話す」「読む」「書く」「計算する」「推論する」といった部分的な能力面で学習障がいが伴う子どもがいたら，それを教師がヘルピング（helping：対人支援）することで道徳学習を可能にできます。子どもがそんな支援を受けながら，自ら主体的な道徳学びを実現していく際に活用されるスキルこそ，「モラルラーニング・スキル（ズ）＝ MLS」なのです。その育みこそ，重要であると考えます。

　モラルラーニング・スキルとは，一言で表現すれば障がい等で道徳学習に支障をきたす子どもへの教師のヘルピングから派生する子ども自身の学びの力です。それは，子ども自身が道徳学びを展開する際に発揮される自己学習実現力です。ここでいう「モラルラーニング・スキル」とは，個として生きる最適解を見出す際の本質的な概念理解を可能とする能力としてのコンセプチュアル・スキル（Conceptual Skills）をイメージしています。いわゆる，物事を論理的・創造的な視点からトータルに思考できるような広い概念をもつスキルです。こんなスキルを子どもが自らの生き方学びとして道徳科授業で発揮できるなら，その教育的効果は計り知れません。モラルラーニング・スキルを前提とした教師と子どもの教育的関係，特に学習障がい等を抱える子どもとの豊かな教育的関係性は確実に醸成されてくるものと考えます。コンセプチュアル・スキルという幅広い知識や認知的領域に及ぶ論理的・創造的な能力形成を意図したスキルを駆使して道徳学習に参加させるためにも，教師集団内におけるモラルラーニング・スキルの共有化促進を各学校，各地域で展開することはこれからのインクルーシブ道徳科新時代の必要不可欠な要件になってくると考えます。

　ここで取り上げるモラルラーニング・スキルは，コミュニケーションや他者との社会的関係性構築がうまくできにくくて興味・関心や行動が偏るなどの特徴をもつ自閉スペクトラム症（ASD）をもつ子ども，自分の感情のコントロールや物事への集中・持続ができにくく，他者の表情等からの感情理解が苦手で多動性や衝動性といった行動面での障がいで特徴づけられる注意欠陥・多動性障がい（ADHD）をもつ子どもたちについても，様々な創意工夫を重ねることで援用できるスキルとなり得ると考えます。

　インクルーシブ教育の視点から道徳科における心理的バリアフリーな学びを追求すると，モラルラーニング・スキルの発想にたどりつきます。このスキルの育成こそ，共に生き，共に学び，喜びを分かち合えるウェルビーイングな道徳学習環境実現のために最重要と考えます。

インクルーシブ教育としての合理的配慮やユニバーサル・デザインを考える

❶合理的配慮としてのユニバーサル・デザインとは何か

　学校教育の場にユニバーサル・デザインが積極的に導入されるようになってから随分と時間が経過し，その着実な成果も見られるようになってきました。まずはじめに，ユニバーサル・デザインについての理解と教育への導入意義についてふれておきたいと思います。

　いうまでもなく，ユニバーサル・デザインとは国籍，年齢，性別，身体的状況，言語，知識や経験等の差違に関係なく，すべての人を受容するというインクルージョンな発想です。

　最初にユニバーサル・デザインという考え方を提唱したのは，1990年代にアメリカのノースカロライナ州立大学の教授だったロナルド・メイス（Ronald Mace, 1941－1998）です。メイスはユニバーサル・デザインの7原則を掲げ，そんな社会の実現を目指したのでした。

【ユニバーサル・デザインの7原則】
①公平性（誰でも学ぶ権利を受益できる公平性がある）
②自由度（その学びの場にいる人にとってわかりやすい）
③簡便性（その知識・スキルの転移が容易で，理解しやすい）
④明確性（学びたい内容の情報が的確に獲得できる）
⑤信頼性（安心してその学びを享受することができる）
⑥継続性（継続して学びを構築していくことができる）
⑦空間性（どんな学習者でも快適に学べる要件が整っている）

　今日の開かれた学校教育では障がいの有無は問題でなく，もし支障をきたすものがあるとすればその障壁（barrier）は取り除くことが前提となっています。学校教育におけるユニバーサル・デザインの実現意図は，学ぶ側である子どものレディネス（readiness：学習準備性）に規定されず，可能な限りすべての学習者が参加できるようわかりやすく，そして，その学びを共有し合うことでさらなる学びへと発展できるようなインクルーシブ教育の実現なのです。このような考え方からすれば，道徳科でユニバーサル・デザインを意識した授業展開をするのは必須なことです。

　このユニバーサル・デザインを体現していく際，教師に求められるのはなんといっても子どもの「困り感発見力」です。子どもが何につまずいて学習に困難をきたしているのかは，表面的にはなかなか捉えにくいものです。集団学習の中で様子を見ていると，表面的には何もつまずきがないように見えても，教師の話を受け止められなかったり，教材が読めていなかったり，何を答えてよいのかわからなかったりしている子どもは少なくありません。

❷道徳学習における子どもの「困り感発見力」

　学習時における子どものつまずきは，何も道徳科に限定されることではありません。学校生活のあらゆる場面，あらゆる学習においても共通するものです。この子どもの「困り感発見力」が有効に機能するなら，個別最適な道徳学習は大きく改善されます。

　子どもの困り感というと何か特別なことのように思われるかもしれませんが，決してそんなことはありません。少し気にかけてみると，それまで何とも思わず見過ごしていたことに気づく場合もあります。例えば，教室でいつも姿勢が崩れ，何度注意してもだらしなく見えてしまう子どもがいたとします。それは，もしかしたら別の理由があるのかもしれません。その子をよく観察してみたら，骨格と関節，さらには筋肉のバランスの偏りが要因であったり，家庭生活の事情等から習性となっていたりすることだって考えられます。さらにその要因は1つではなく，重複していることだって考えられます。そんな視点で眼前にいる教室の子ども一人ひとりを見渡すと，見えてくること，授業改善できることがあれこれと存在していることに気づいていくに違いありません。

　学校教育の場におけるユニバーサル・デザインといった表現をすると，それはともすると理念的に捉えられがちです。しかし，それはシンボリックな到達目標でも，教師集団が共有する指導指針でもありません。今，目の前にいる子どもが困り感をもっている現実に気づき，それがなくなるようにしていくための具体的な取り組みだと理解していくことが大切なのです。そんな捉え方を前提にすると，道徳科における子どもたちの学習阻止要因への気づきや，それを解消していくための様々な改善支援策も浮かんでくるように思います。

　まずは，子どもが道徳学習をしている姿を思い浮かべてみてください。授業が始まったばかりなのに，もう手いたずらをしている子はいませんか？　友達に親切にされてうれしかったことはないかと尋ねられているのに，自分とは関係ないといった顔をしている子はいませんか？　教師に「これから，『はしの上のおおかみ』というお話を読みますね」と言われても，教科書のどこを読んでいるのかわからない子はいませんか？　「橋の上でくまさんと出会ったおおかみさんが自分だったら，どうしますか」と聞かれてもどう返答してよいのかわからずに困っている子はいませんか？　「やさしくなったおおかみさんに手紙を書きましょう」と促されても，名前すら書かない子はいませんか？　どうすればよいのでしょうか。

　導入で，おもむろに教材中の登場動物の大きな顔絵を提示したらどうでしょうか？　最初に寸劇遊びやあらすじに沿って演じるストーリー・プレイ（Story Play）をして道徳的状況把握をさせたり，ペープサートであらすじを再現し，道徳的問題を捉えやすくしたりしてはどうでしょうか？　子どもに実際に演じさせて，「さて，どうする？」と尋ねてみてはどうでしょうか？　お隣さん同士で互いに相手をおおかみさんに見立てて言葉かけをさせ，それから手紙を書くよう促したらどうでしょうか？　少しの工夫で，子どもの学習は始まります。

❸学校教育における「合理的配慮」の意味とその対応

　ここまでで，授業時のユニバーサル・デザイン化の具体的なイメージは描くことができたのではないでしょうか。障がいの有無に関係なくどの子も学習内容がわかる，学習に参加することができる，それを実現することこそユニバーサル・デザイン化された授業づくりなのです。裏を返せば，障がいの有無というよりも，子ども一人ひとりの十人十色の学び方を尊重できるといった方が適切な表現であると考えます。ならば，そのような学びを可能にする最良の方法は，個々の認知特性や学習スタイルをあらかじめ把握し，「個別最適な学び」を実現するために複眼的な指導アプローチをあらかじめ周到に用意しておくということです。しかし，「そんなことは到底無理，ただでさえ教材研究の時間が不足しているのにそこまで手が回らない」と不満噴出となる今日の学校状況はよく理解できますし，政府主導の働き方改革が机上プランとして形骸化してしまったのではこれからの時代を担う有能な人材が教職を敬遠しかねません。大切なことは，限られた時間の中で，小さな工夫を教師間で共有し合い，子どものためにやれることすべてにベストを尽くすということです。

　前述の合理的配慮を定めた「障害を理由とする差別の解消の推進に関する法律」では，当事者から社会的障壁の除去を必要としている旨の意思表明があった場合にその実施に伴う負担が過重でないときは必要かつ合理的な配慮をしなければならないとなっています。その意味で多くのケースは教師の対応というよりも行政面での組織的対応が求められる場合がほとんどです。よって，受け身の対応として教師個人の責任に帰するような重大なケースはあまり考えられないと思います。むしろ，それ以上に必要なのは教師が教職にある者の矜持として様々な困り感を抱える子どもたちに関心を寄せ，目配り，気配り，心配りをすることで学習参加を可能にしていけるように努める意識や姿勢であると思います。

　もちろん，教育活動はリアリティそのものです。子どもの日々の学びを目の当たりにすると，やはり個々の教師の努力なくして困り感を抱えた子は救われません。ただ，教師は万能ではありませんし，様々な事柄に心をくだいて子どもたちを育みたいと念じつつも，全く力及ばずに個々の有する困り感の支えになりきれていない現実に打ちのめされるようなことも少なくないように思います。そんな状況を勘案すると，より有効で迅速な対応ができる校内支援体制や学年を中心としたチーム支援体制の整備が必須となってきます。

　学習上の様々な困り感を抱える子どもたちにとって，今日の学校で目覚ましいスピードで整備が進んでいる GIGA スクール構想による ICT 教育の普及は，とても大きな支援ツールになり得ると期待しています。また，これまで黒板1枚，チョーク1本で名人芸的に進められる傾向があった旧日本型学校教育が，ICT 機器を駆使して子ども一人ひとりの多様な学び方の支援を実現する「令和の日本型学校教育」へと移行しつつある昨今の状況は，とても頼もしい文教施策としての改革であると考えます。

❹パターン化することで促進する「道徳科ユニバーサル５段階学習法」

「道徳科ユニバーサル５段階学習法」といった提案をすると，道徳学習の前提は個々の主体的意思に基づく道徳的なものの見方，感じ方，考え方の涵養ではないかと反論されるのは必至です。ただ，ここで提案するのは道徳的価値理解や個々の道徳的価値観形成といった面でのパターン化を意図するのではなく，個々の道徳的思考力や判断力を育成するための学習活動のパターン化を意味しています。様々な困り感を抱える子どもたちに一目瞭然な「道徳学びのラーニングコンパス」としていけるような道標を提供するための提案です。

子どもの道徳学習は，個の道徳的問題への気づき，「問い」から開始します。これがなかったら，その子どもの１時間の道徳学びは他律的で，他人事で終わってしまいます。そこで得た道徳的知識やスキルは求められれば再現できるかもしれませんが，個々が置かれた日常的道徳生活の中で生きて働く道徳力としては機能しません。やはり，学習者自身が必然性をもって自分事の道徳的資質・能力のもとに培った道徳性でなければ，その用をなしません。そのような道徳性形成に向け，困り感が生ずる子どもへの対応としては以下のような毎時間の道徳学習パターンを固定化し，そのパターンに即した中での柔軟な学び方を多種多様に提供した方が戸惑い緩和策になるであろうと考える次第です。

【道徳科ユニバーサル５段階学習法】 ※ moderation：互いの考え方，見方，受け止め方の調整手続き

①知って気づく（本時で考える道徳的問いとしての学習テーマへの自分なりの気づき）
　　↓
②比べて絞り込む（モデレーションして共有した道徳学習追求課題への理解と焦点化）
　　↓
③関わって識る（多数にとっての望ましさとなる共通解としての価値理解の共有化）
　　↓
④重ねてイメージする（共通解に照らした自らの価値観としての納得解の紡ぎ）
　　↓
⑤学ぶ自分を振り返る（道徳的価値実現へのイメージ化と学びに対する自己評価）

ユニバーサル・デザインを意識した道徳科授業を企図していくと，「学習展開のわかりやすさ」がまず第１の要件であろうと考えます。例えば，学級内で先に述べたような道徳学習への困り感を抱く子どもがある一定数在籍していたとするなら，道徳科授業の進め方といった一目見て学習活動の順番が理解できるような手順を共有できるようにすることも大変有効な手立てであると考えます。これは発達障がいの傾向を有しない子どもたちにとっても，自分で見通しをもって学んでいくための道標になることはいうまでもありません。シンプルな学習活動スタイルに沿って自分の望ましい生き方を深く考え，選択していけるような手立ての提示はとても重要な要件です。

「困り感」への支援と道徳学習の両面から授業構想する

❶知らなければ「気づき」も「問い」も生まれない

　困り感を内面に抱える子どもは，変化に対応しにくい傾向をもっていることも少なくありません。突然の環境変化はもちろんですが，他の子どもにしたら大した問題でない１日の予定変更とか，いつもと違って自分の活動の先の見通しがもてないような場合とか，自分のやりたいことがわからなかったりかなわなかったりすると，とても大きなストレスが生じ，周囲から理解されない言動となって誤解をまねくようなこともあります。

　そんなフラストレーションを抱える子どもに対し，ただ「他の子が迷惑しているからやめなさい」と規制したり，「今はそれをやる時間じゃないでしょう」「朝の会でお話ししたように今日は……」と本人に届かない声かけをしたりしても，それは心の中を通り過ぎる虚ろな響きでしかありません。子どもたちの道徳学習とて，今何をやっているのか知らなければ，これから先に何をすればよいのかに気づけなければ，困り感だけが空回りして授業に参加できないだけでなく，周囲の学びを妨げるような言動となってしまうことも想定されます。だからこそ，学習活動を毎時間パターン化して掲示する等の手立てで，困り感を抱える子どもに安心感と見通し感をもたせることも大切な手立てなのです。

　学習活動をパターン化するというのは，道徳科でも「道徳の時間」時代に主流であった指導過程論に立ち戻ることではありません。道徳的問題に気づかせるためにきまった順序で丁寧な提示をすることで，「あれ！　どうして？」「こんなときって，どうすればいいの？」と道徳的状況に気づかせるような手立てを大切にしていきたいのです。誰しも，識らないことに対しては何の疑問も，何の感情もわきません。ところが，自分に関係するような事柄については自身との接点を保ちながら「気づき」や「問い」を感じ取ることができます。

　教材提示を通して道徳的問題について気づかせ，「こんなとき，どうすればいいんだろう？」「こうすればいいのになあ」「自分ならこうするけど，どうして主人公はこんなふうにしないのかな」と自分事として捉えさせるには，例えば動画，紙芝居，ペープサート，パネルシアター，実際に演じて感じ取らせる劇化等はすぐに思いつくのではないでしょうか。30年以上も前の話ですが，編者もよくビデオ教材を見ながら問いかけたり，劇遊びをしながら「どうする？」と考えさせたり，「この子，どんな気持ちになっているかなあ？」等と問いかけたりしていたことを思い起こします。ましてや，現代はICT活用も思いのままです。困り感をもった子どもたちの道徳学習を可能にするためのモラルラーニング・スキルを育む手立ては様々に考えられそうです。やはり，取り上げる教材の中身を知らなければ気づきも生まれないし，自らの道徳的問いも生まれようがないのです。

❷違いに気づけば共通の学習課題設定へのコミュニケーションが生まれる

　道徳授業研究会等に参加すると，「その時間の主題のねらいに関わる話し合いに，より時間を使うべきである」といった管見的な発言に閉口することがあります。その主張は決して間違っていませんし，たしかにそうすれば授業者の意図する正答へ導く効率的な授業になるのかもしれません。しかし，一度立ち止まって考えると，はたしてそれで子どもに寄り添った本来の意味での生き方学習になっているのだろうかと気になってきます。

　なぜなら，私たちの日常的道徳生活はそうなっていないからです。子どもたちの日常的道徳生活というのは様々な諸価値がせめぎ合って混在し，一緒くたになった状態で同時進行的に展開されます。したがって，よく落ちついて考えないと何が問題で，何が望ましい最適解なのかさえわからなくなってくるといったことが往々にしてあります。むしろ，一見して的確に判断できることの方が希なのかもしれません。ならば，特定の道徳的価値に焦点化した教材であったとしても，それを受け止める子どもたちはきっと一様にはならないに違いありません。ましてや，読むとか推論するといったことが苦手なLD傾向の困り感を抱える子どもにとって，小学校45分，中学校50分という1単位時間の枠組みはとても実寸大の学習になっていないのかもしれません。もっとたくさん知りたいのに，もっと話したいのに……と思いながらも尻切れ蜻蛉のような感覚で授業が終わってしまうことが少なくないと思います。ならば，その子どもにとって授業の枠組みとして設定された道徳学習は無駄であったのかと問われれば，それは明確に「否」と反論できると考えます。

　きっと，子どもたちはそんな単純な時間軸や空間軸で自らの学習を終わらせてはいないと思います。「なんで？」ともやもやした気持ち，「自分はこう思ったけど，他の人は？」とドキドキした気持ち，「みんなはどう考えているのか聞いてみたいな」とワクワクした気持ち，そんな道徳学習から派生する継続された学び体験を時間外まで引きずって日常的道徳生活を過ごしているのが一般的な子どものライフ・スタイルであると思います。

　障がいによって学習に困り感を感じる子どもにとって，教材中の道徳的問題を識って語り合う，登場人物や場面の推移を対比的に考える，友達の様々なものの見方・感じ方・考え方にふれる場に身を置くこと，それだけでもすでに得がたい道徳学習になっているに違いありません。また，教材中の場面推移や人物の言動比較からみんなで道徳的課題について考えを出し合い，すり合わせながら共通の道徳学習課題へと絞り込んでいくグループ・モデレーションの場に身を置くこと，それだけでも本時の設定がなければ実現しなかった得がたい学びとなっているはずです。主題のねらいにダイレクトにつながるような道徳学習だけが道徳科授業ではありません。道徳学習が子どものための時間なら，道徳的問題へ導くためのプロセスで体験するグループ対話や役割演技等は，それだけですでに道徳学習コミュニケーションとなって成立し，子どもたちの生き方学びへと発展しているはずです。

❸関わり合う中から大切なことが見えてくる

　道徳科授業では，子どもがただ知識として身につけるような道徳的価値の習得を目指していません。むしろ，他者との関わりを通して互いの道徳的なものの見方・感じ方・考え方をコミュニケーション活動によってやりとりしながらその意図するところを拡げ，深めるような道徳的価値への気づきや自覚的理解促進を主にした能動的学習を展開することで自分事としての価値観形成を促進していくところにその学びの目的があります。ですから，道徳科授業ではその学習を通してただ道徳的価値について言語理解として「知る」のではなく，自分と共により善く生きる上で必要な多くの他者と共有できる望ましさを共通解として価値理解しながら，さらにもう一歩進めて自分はその共通解をどう自分事として受け止め，どうその実現に向けて自覚していくのかといったレベルでの生きて働く本質的な力として覚醒できるような「識る」ことへの学習が重要であると考えます。

　つまり，共通解の共有を経た先にある子ども一人ひとりの道徳学習ゴールとなる納得解の紡ぎとは，そのような意味合いでの道徳科での個別な学習到達状況を意味しています。その到達するゴールは，A君はA君の「問い」や道徳的問題意識から，BさんはBさんの「問い」や道徳的問題意識から，C君はC君のそれから発展しているはずです。この一律でない個別のスタートラインから開始して，学び合う仲間と各々が個別に有する道徳的課題解決を目指すための協同（cooperation）学習を展開していくところに道徳学習の大きな存在意味があります。ですから，道徳的諸価値理解としての望ましさの共有となる共通解追求は互いに関わり合って展開しますが，それ自体は個別に目指す学習ゴールではありません。その共通解という「望ましさ」にとどまることなく，もう一歩踏み込んで自分はどうすべきか，どうあるべきかと考えることが重要なのです。自分事の道徳学びのゴールとなる学習活動の場，つまり納得解の紡ぎの場が何よりも肝要なのです。個々の道徳的問いからスタートし，個々の納得解というゴールに至るプロセスは相互に関わり合い，支え合って道徳的な思考・判断を促す学習活動ですから，そこに子どもが身を置いて直接・間接に個別のものの見方・感じ方・考え方を押し広げ，深めるための生き方学習の場を提供できることが重要です。そのための「関わりの場」となるのがこの段階です。

　こんな表現をすると子ども任せと誤解されそうですが，決してそうではありません。子どもの道徳学びを個別的に意識化させながら，その範疇の中で学びのツールとして作用する協同学習から共通解を共有させ，さらにそれを手がかりに自己内対話を通して自らの主体的な価値観形成を促進するという「個別最適な道徳学び」の創出を意図するわけです。ですから，関わり合って互いがうなずける共通解を追求することは他者に同調することでもありませんし，他律的に導かれるといったようなものでもありません。自分も他者も望ましいと思える「共通解」がなければ，個別の「納得解」を紡ぐ段階にはたどりつきません。

❹大切なことは自分と重ねて考えるとわかってくる

　自らの日常的道徳生活を振り返ると，「こんなときにこうすると互いにうれしいなあ」といった自らの道徳的価値自覚体験を誰しも思い起こせるのではないでしょうか。例えば，危ない思いをしたときや病気になったときは，「命って，本当に大切だな」と具体的な事柄を体験して，直接的であるとか，間接的であるとかを問わずに価値ある事柄に気づいてきます。これこそ「道徳的価値に対する気づき」，主体的な道徳的価値についての自覚です。

　発達障がいに起因して「なんでこの人は今，変な顔をしたのかな？」とか「こんなとき，どうすればいいのかな？」等々の困り感をもっている子どもは，往々にして「人・こと・もの」との関わりがうまくできないとか，双方向的なコミュニケーションがとりにくいといった傾向があります。そのような困り感をもつ子どもは，他者との関わりから生ずる道徳的問題について気づくことが周囲の子どもに比べて難しい面があります。ならば，どう気づきの工夫を考えればよいのでしょうか。要は，道徳的諸価値の理解というのは自分事として体験的に学ぶような場がないと自覚しにくいものであるということです。ならば，発達障がいのある子どもに道徳学習で道徳的諸価値を自覚化させていくためには，まず道徳的問題をきちんと知らせ，そこから考えて識る段階に至れるようにすべきでしょう。

　方法論は，二通りあると思います。まず1つ目は，映像やペープサート等の具体的な教材提示，劇化やストーリー・プレイ等の再現的追体験を通して直接的な方法で理解させる方法です。2つ目は，道徳学習の場に身を置くことで感情体験的な部分も含めて「識る」「感得する」ように促す方法です。

　前者は具体的かつ感覚的に五感を通しての追体験学習をさせることで，「あっ，そうなのか」とダイレクトに気づかせることができます。ただ，子どもたちの日常的道徳生活というのは複雑かつ多様で，人・こと・ものといった状況（situation）の変化によってその時々の道徳的思考・判断も異なってきます。よって，柔軟な運用という面ではそこまでの活用が難しいことも理解されるところです。次に後者の場合ですが，自分自身が直接的に体験しなくてもその場に身を置くことで感覚的に理解することをイメージしています。つまり，状況を理解してその道徳的運用について了解するという意味での「解る」と，現実的な事実として「わかる」といった両面での道徳的価値理解です。ただ，両者のいずれであっても，直接的であろうと，間接的であろうと，どこかで自分自身を重ね合わせながら体験するという部分は一緒です。やさしくすると相手はこう反応するといった理解と，自分と等身大の他者が人にやさしくしたら相手がとても喜んでうれしそうだったと「わかり，解ること」ができればよいということです。

　子どもに発達障がいがあろうが，なかろうが，道徳学習で大切なのは自分事として道徳的諸問題に自分を重ね合わせることで「気づく」手順での指導の工夫と働きかけです。

❺自分らしい学びに対して自己肯定できる

　「自己肯定感」という用語はよく用いられますが、「自尊心」とか「自己効力感」とか「自己有用感」といった類似用語もあって混乱するような面もあります。ここでの自己肯定感とは、自分自身への信頼や安心感をベースに自分を価値ある存在としてあるがままに受容できる感覚です。それは他者との比較でもありませんし、自分自身へのラベリングでもありません。この自己肯定できるポジティブな感覚がないと、自らへの眼差しがゆらいで望ましい道徳的価値観形成をすることができません。特に、自らの内面に抱える困り感は感じてもそれを障がいとして自覚していなければ、自分自身に対する眼差しが受容的な方向には向かず、肯定的自己評価ができにくいものです。そんな子どもたちの気持ちに寄り添い、心に響く肯定感と安心感のメッセージを意図的に伝えることはとても大切です。

　ただ、留意したいこともあります。例えば、教師や指導者の中には「どんな子でもがんばれば必ずできる」とか、「ほめることで必ずもてる能力を伸ばせる」といったステレオタイプな思い込みにとらわれている人も少なくありません。しかし、ほめたからといって自己肯定感の高揚へ直結するかというと、そうではありません。逆に、猜疑心を抱かせるような場合すらあります。障がいを有する子どもは周囲の子どもよりも感性的に敏感であったり、表面的な称賛の意図をするどく見抜いてしまったりするようなことが往々にしてあります。そんな子どもへの称賛は短く的確に、よいことはそれを即座に明確に繰り返し伝えることで、信頼関係を前提とした肯定的な自己評価への眼差しを培っていくことができます。

　やはり、自分らしい学び方のよさに子ども自身が気づき、それを肯定的に自己受容できるような働きかけを意図的に行うことで、子どもが有する潜在的なモラルラーニング・スキルを引き出したり、自分から進んで関わりながら学ぼうとしたりする意欲喚起も可能になってきます。作業療法士の木村順は、『発達支援実践講座』（学苑社、2015年）の中で、子ども個々の教育ニーズを見出すことの大切さを指摘し、その特性把握のアセスメントとして4つの座標軸「時間軸・空間軸・対人関係軸・状況軸」を挙げています。

　時間軸とは、現時点で状況を把握するのではなく、時間経過の流れの中で子どものよさを理解することです。空間軸とは、置かれた場所によって態度や状態が変化していないかを観察的に理解することです。対人関係軸とは、目の前の相手によって特定の状態や行動が顕在化することです。状況軸とは、場面状況の変化や天候・特定時期等の影響で不安定な状態が顕れるようなことです。このような4つの座標軸を駆使することで今まで見えていなかった「困り感」を抱えるその子どもを理解する視点が拡がり、学習を促進するための教育ニーズを支援することができます。子どもにとって、道徳学習は他人事でない自分の生き方を学ぶ大切な場です。個々の障がいによってその学び方が違っていても、個別最適な学び、自分らしい学び方が道徳学習で少しでも実現できたら、それはすばらしいことです。

モラルラーニング・スキルの視点から生き方学習としての道徳科授業を構想する

❶「モラルラーニング・スキル」を育むことで道徳学習を可能にする

　ここでいうモラルラーニング・スキルとは，学習障がい等で「困り感」を抱えている子ども に対して，その障壁を少しでも緩和できる手立てを講ずることで道徳科への参加を促したり， 少しでも自分らしい道徳学習をしたりする際に必要とされる「道徳学びスキル」です。「およ げないりすさんのお話（教材）で変だと思ったこと（道徳的問題）は何？」「くりの実をもら ったきつねさんは，なんで泣いたの？」「青鬼がいなくなって，自分が赤鬼だったらどんな気 持ち？」「自分が手品師だったら，どうする？」等々の道徳的思考・判断や実践への見通しを 自分自身と重ねながら学習するときに求められる認知的思考スキルです。

　ただ，それはあくまでもスキルですから，学習活動の特定の場面に限定された中で活用され るものです。1時間の道徳科授業全体を通じて継続的・発展的といった全体を網羅する発想 ではなく，この教材提示の場面では登場人物の感情を感じ取ってこんな学びをしてほしい，せ めてこの中心学習場面だけは自分事と受け止めて学んでほしい，納得解を紡ぐこの部分では学 んでいる自分の善さに誇りと自信を感じてほしいといったレベルでの具体的な学習方略スキル です。個々に見れば「この程度のことか」と思われるかもしれませんが，その具体的な学習方 略スキルを点と点とでつないで線にして，さらにその線を手繰り寄せて織り込みながら面を形 成することだって可能になってくるかもしれません。モラルラーニング・スキルとは，パター ン化して多様に活用することでその子どもの障がいに応じた合理的配慮に基づく道徳学習を成 立させようと構想する視点に立った道徳科授業支援のための方略的な学習ツールをグルーピン グした総称でもあります。

　こんな表現をすると，「なんだ，その程度のことか」「ただ1時間の授業プロセスを部分的に 学べる程度のことではないか」「障がいとか困り感を理由に，学習をきちんとしなくてよいと いう口実になっていないか」といった反論も聞こえてきそうです。それもすべて否定できませ ん。ただ1点，どうしても見逃してはならないのは，支援という手立てを講じなかったら全く 学べずにただそこにとどまっているだけの子どもに対しての，たとえ部分的であっても道徳学 習に関与させたいという思いです。それまでは状況や内容がわからず苦痛の時間だった子ども が，「そうか，そういうことか」「こんなとき，自分はどうするかな」といった自分事の学びを 実現できるなら，それはすばらしいことです。学びへの困り感をもった子どもが自分から声を 上げ，思いを語り，自分なりに納得する考え方を見出し，自分流のスタイルで自身にとって一 番大切な生き方学習，「善く生きること」を学ぶことを可能にするツールを常に意識し，その 機能発揮をどうすればよいかと考えるだけの話です。

❷「道徳的気づき」のためのモラルラーニング・スキル

　ある１年生の教室を訪ねたら，道徳科授業が始まるところでしたが，窓際の前席にいる子が立ったり座ったり，周りを眺めたりして落ちつかない様子でした。しかし，教師は全く気にしません。何事もないように導入で教材「はしの上のおおかみ」に登場する森の動物たちの顔絵を貼りながら紹介し，黒板の前に谷川にかかる一本橋を跳び箱と踏み切り板の間に置く幅広で安全な箱板を並べて再現しました。そして，子どもたちに動物の役を与えて橋を渡らせ始めました。すると，授業に参加できていなかった子が「やりたい！」と手を挙げました。「どうぞ」と言って教師はうさぎさんを演じさせ，自席に戻ろうとするその子に「待って！　○○さん，ここは森の中なんだけど，木になってみんなの様子を見守ってくれる？」と声をかけました。「いいよ！」とその子は，段ボールでつくった小さな木を持って，ストーリー・プレイで場面を演じ合いながらみんなで語り合って道徳的思考を深める間，ずっと自分の役を演じて授業に参加していました。その表情を見守っていると，意地悪なおおかみさんがやさしくなった様子をうれしそうに眺めていました。この子は，森の木になりきって授業に参加したことで，身近にいる人に親切にすることの大切さをしっかりと感じ取ったに違いありません。

　障がい傾向のある子どもの中には，読んだり，聞いたりして教材理解をすることが苦手という子も少なくありません。その障壁を取り除かないと提示教材の内容理解ができず，道徳的な問題に対する気づきも促せません。それでは，その子どもにとっての個別の道徳学習はスタートしないわけです。だから，障壁を取り除くための工夫が求められるのです。

　別の学校で，「うばわれた自由」という高学年教材を活用した授業を参観しました。森の番人ガリューはきまりを守ろうとしただけなのに，身勝手なジェラール王子によって投獄されてしまいます。時を経て再会したふたりの立場は逆転し，ガリューはジェラール王に「本当の自由を大切にして，生きてまいりましょう」と語って去って行ったという内容です。こんな長文ですと，「時間軸・空間軸・対人関係軸・状況軸」といった４つの軸がうまく捉えられずに困り感を抱えてしまう子が出てきます。もう考えるのも嫌といった顔の子もいます。そのとき，教師は黒板に登場人物と場面絵を２枚（ガリューがとらえられる場面と牢獄でジェラール王を諭す場面）提示して，教材の基本構成となる人物と状況を子どもたちに提示し，あらすじを語らせていました。教材理解を的確に促進するためです。

　子どもたちが道徳学習を開始するためには，まず教材中の道徳的問題に気づかなくては話になりません。そのためには，教材を「知る」ことがとても大切なのです。教材内容を知れば，そこに「道徳的気づき」が生まれます。その気づきを軸にしながら教材という道徳的状況を介して互いがそれに対するものの見方・感じ方・考え方を協同的に学習することで，道徳的価値認識としての「識る」段階へと自らの思考・判断を深めていくことができます。この「道徳的気づき」を実現するためにどうすればよいか，これがポイントです。

❸「道徳的問いを深める」ためのモラルラーニング・スキル

　道徳科授業を参観するとき，いつも気になるのは道徳的問いを深める主体者は誰かという点です。「何を今さら，そんな当たり前のこと」と思われるかもしれませんが，教師と子どもの授業時における関わりを分析的に捉えていくと気になることがあります。一見すると子どもが教師の問いかけに対して次々と発言し，ときには熱い議論にまで発展している活気ある授業と映る「はりぼて授業」に遭遇します。子どもたちは意欲的に教師の発問に反応して発言を繰り返すのですが，その語り合っている内容がどれだけ自分事として捉えたものとなっているのかと耳をすますと，やや評論家的なやりとりに終始していることも少なくありません。その主たる理由は，教師の問いかけに子どもがオウム返しするだけの「よそ事・他人事道徳」となっているからです。そんな自分との接点をもたない皮相的な話し合いに，学習障がいによる困り感を抱える子どもの多くが敬遠気味になります。そんな子どもは，「何をどう考えていいのかわからない」「自分のことでないからわからない」と困りに困ってしまいます。自分のことならそのまま放置できないので語れるけれど，自分以外のよそ事や他人事の話題にはうまく関われないことが往々にしてあります。

　障がいを有する子どもが道徳学習を展開する際，やはり自分事として関わる必然性が前提になければ始まりません。読んだり，聞いたりして「知ること」や，周りの子どもたちとの語り合い活動によって「識ること・わかること」ができにくいと，「こんなことをするのはおかしいな」「自分ならこう考えて，こうするけど……」といった自分事としての道徳的問いをもったり，その理由づけを考えたりするという道徳的諸価値理解のための学びができません。そんなときにどう自分が主体的に道徳学習に参加し，どう自分事という接点をもって道徳思考を前進させていくのかという「道徳的問いを深める」ためのモラルラーニング・スキルの育みが困り感をもった子どもに限らず，すべての子どもたちに不可欠な要件です。教師の設定した目標達成に向けてひたすら知的理解中心で進めたり，対話スキルが高い子どもを中心に展開したりする道徳科授業では，一見すると活発に関わっている子どもすら自分事として切実感の伴う道徳的価値の自覚に至ることができません。

　道徳的な問いに気づかせ，自分との接点をもちながら学びを深めさせていくためには，子ども相互の道徳的語り合いを促進する場が不可欠です。個別で考えることが苦手な子どもにとって，グループワークは「個としての気づきを促す」方法論として有効です。ウェビング，ホワイトボード・ミーティング，ジグソー法等々，様々ありますが，大切なことは学びに参加できること，互いの関わりの中で考えられること，学びに参加している自分を自覚できることです。ですから，道徳的な問いを共通課題として共有し合って語り合う場をグループワークとして展開すれば，その中に身を置くだけでもシャワーのように降りそそぐ価値語で個の主体性は鼓舞され，自分事の学びに充実感をもつことができます。

❹「自分の善さを肯定して自己表現する」ためのモラルラーニング・スキル

　道徳科授業で子どもたちに一番大切にさせたいのは何かと問われれば，それは間違いなく「自己肯定感」をもたせることであると即答したいと思います。なぜなら，多くの人間は加齢とともに身体機能や社会的機能を少しずつ手放し，最終的には様々な障がいを自らのこととして引き受けながら生涯を終えるようなパターンが多いに違いないからです。もちろん，突然の病や事故等でそのような思いを全く体験せずに逝かれる人も少なからずいるとは思いますが，多くの人々は障がいといった不可避的な体験を経て人生を終えることが予測されるのではないでしょうか。でも，それは当事者にとって不幸なことなのでしょうか。編者は，決してそうではないと考えています。たしかに身体的にも，精神的にもそれまで当然のようにできていた自己機能を喪失したら，とても平穏ではいられないのも当たり前です。だからといって，それを嘆くだけでは以前のような状態に戻る可能性も低いように思われます。ならば，多くの人々は自らを嘆き悲しみ，不幸のどん底に突き落とされて不遇なままに生涯を終えるのでしょうか。決してそんなことはあり得ません。

　そうです，その人が自らの人生の中で，そこに至るまでの自分の生き方についてどう評価するのかによって，その受け止め方は180度異なってきます。それを左右するのが自己に対する肯定的な眼差し，ウェルビーイングな生き方を模索し続ける自己への信頼に満ちた眼差しです。道徳的に体現すれば，それは「善く生きる」といった表現になります。

　道徳科授業で大切にしたいのは，他者と共により善く生きようと懸命に努めている自分，人生に対して誠実に向き合っている自身の姿に気づくことです。それが道徳科授業においてうまく自己表現できなくても，思うように自分の考えを前進させたり，自分なりに満足できるような道徳的諸価値理解につながったりしなかったとしても，それはそれで個々人としての道徳学習という視点から捉えたなら，とてもすばらしい学びであると思います。

　道徳科授業は個々の道徳的価値観の現実からスタートし，それを前進させるための協同思考としての学習の場は経ても，最終的な個としての道徳学習到達点はあくまでも個別に設定されるゴールです。そこに自分自身を導くためのモラルラーニング・スキルこそ，「自分の善さを肯定して自己表現する」ことを可能にする力です。飾りものでない自分を表現する場，自分も満更ではないと思えるような学びの場や手立ての提供は学級担任であれば案外たやすいことだと考えます。道徳科授業で子どもが身につける道徳学習成果とは，決して高邁なものでも，傍目に見て表現力あふれる煌びやかなものでもありません。子どもが，「今日はこんなことがわかったよ」「自分も結構悪くないなあ」と少しでも思えたなら，それは障がいの有無に関係なくすべての子どもにとって充実感あふれる道徳科授業であったに違いありません。本書で語り伝えたいことは，そんな等身大の子どもの姿が見える働きかけ，子どものモラルラーニング・スキルを育む指導観をもつことの大切さです。

〈田沼茂紀〉

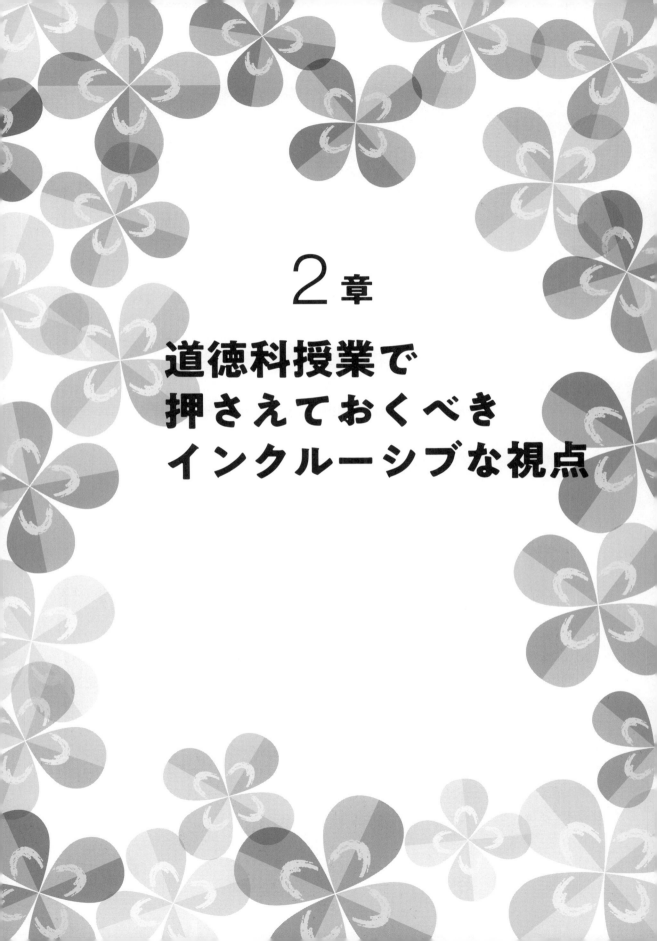

2章

道徳科授業で
押さえておくべき
インクルーシブな視点

視点1

教室環境

教室環境のポイント

❁ ポイント1　まず子ども一人ひとりのことを「わかろうとする」こと ❁

　子どもたちに学びやすい環境をと考えたときに，「学級全体への工夫」と「個々への工夫」という2つの視点が大切になります。この2つの視点から教室環境を整えるには，子どもたちの学習の様子を的確に見取ることが大切です。

　自分ひとりで子どものことを理解しようとがんばらないで，いろいろな人から，子どもの情報をもらいましょう。まず，子ども一人ひとりのことをわかろうとすること，そして子どものニーズや配慮すべきことを見つけ出していこうとすることが大切です。

❁ ポイント2　黒板周りをすっきりと！ ❁

　黒板の周りに，多くの色とりどりのいろいろな掲示物などがあると，子どもたちが学習場面で学習内容以外のことに注意を向けてしまうため，それらの刺激を少なくすることが大切です。たくさんの情報に囲まれていると，子どもたちはそのときに必要な情報を選ぶことから始めなければいけなくなってしまいます。また，その情報への注意も散漫になってしまうでしょう。子どもたちの学習の様子をきめ細やかに捉え，黒板周りの掲示物を精選する必要があります。

❁ ポイント3　過ごしやすい座席位置をつくろう！ ❁

　見ることや聞くことに苦手さのある子は前の座席へ，モデルが必要な子は一番前を避けるなど，子どもがもつ実態に合わせて他の子どもたちの理解を得ながらフィットした座席位置を決めることも1つのやり方でしょう。けれど，決めてしまう前に子どもが「過ごしやすい座席位置」を多様に設定することを考えてみてはどうでしょうか。例えば「この子は，教師の特別な支援が必要だから中央最前列」ときめてしまわずに，教師の立ち位置を意識して変えたり，サポートの先生と連携して，支援や声かけをしやすくしたりすることで，子どもにフィットした座席位置を増やすことができます。座席位置を固定しすぎることのないように，柔軟に，まず教師にできることを考えることも大切にしたいです。

教室環境の実際

情報を選んで教室をすっきりと！

　「整理整頓された教室」が，子どもたちにとって，落ちついた学習環境につながります。加えて黒板周りの掲示を「必要最小限」にするなどして，子どもたちが受け取る情報を精選することも大切です。余分な情報は，子どもたちを落ちつかなくさせます。「必要最小限」とあえて「　」をつけたのは，学級の子どもの実態によって「必要最小限」は変わるものだと考えるからです。学級目標など，子どもたちに常に意識してほしいものは，できればよく目につきやすいところに掲示したいです。道徳の授業で使った場面絵を学習後に教室に掲示していくことも，子どもたちへのその後の意識づけにとても効果的です。

けれども，子どもによっては，もっと情報を精選し，そのときに必要な情報だけを提示する方がよい場合もあります。逆に，黒板の周りに掲示していても，子どもたちの学習の妨げにならないようであれば，掲示して授業や学級経営に生かせばよいということです。掲示をしないというだけでなく，写真のように「必要ではないとき」には見えなくするという工夫もできます。

黒板横にカーテンをつけて授業中は閉めて掲示物を隠すようにします

きまった場所で教室をわかりやすく！

　「今日は，道徳ノートここに提出ね」「ファイルは，どこだっけ？」と常に子どもたちに伝えなければならない先生はイライラしてしまうこともあります。それは，子どもたちが教室内のものの位置がわからないからかも。だから子どもは「？」に。どこに何が置いてあるのかがきまっている（定物定位）ことは，子どもたちにとって，「わかりやすくて取り組みやすい」ことになります。そして，そのような工夫は子どもたちが自然に教室の整理整頓の仕方を知り，教室環境を自分たちで整えていくことにつながっていきます。

〈龍神美和〉

♣ まとめ
- ・教室を過ごしやすく！　そして，すっきりとわかりやすく！

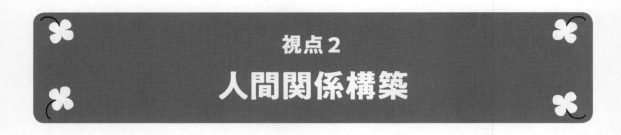

視点2
人間関係構築

人間関係構築のポイント

❀ ポイント1 自分の居場所がある安心できる学級に ❀

　「困り感」をもっている子どもは，「がんばっているのに……うまくいかない」「どうして，自分だけ？」など，不安感をもちやすく，自分に自信がもてなくなっていることもあります。また，そのことが学習だけでなく，学校生活や家庭生活などにも影響を与えることがあります。そんな子どもたちにとって学級が安心できる場所であり，学級の子ども一人ひとりが大切にされていると実感できるような学級づくりが大切です。大切にされているという実感を積み重ねていくことが，互いを大切にできる「安心できる居場所」につながっていきます。学級の中で役割をもたせ，活躍を認め，それを知らせる場などをつくり，子どもたち一人ひとりが自分は学級の一員である，大切にされているという実感をもてるようにします。

❀ ポイント2 「小さなできた」を認め合おう ❀

　教師が結果ではなくプロセスに着目して，小さな成長をたくさん認め，ほめてあげることからスタートします。授業や学級活動で「友達のがんばり」や「友達の成長」に目を向けることができる場を設定し，友達同士がそれぞれの「できた」に気づき，認める機会をつくり，認め合う学級の風土をつくります。

❀ ポイント3 ルールははっきりと！ ❀

　子どもたちは，ルールがはっきりしている方が安心して過ごすことができます。ルールは，「教師の都合」できめるのではなく，子どもたちと一緒につくるとよいでしょう。子どもたちの行動をはっきりとした基準で指導したり，望ましい行動を具体的に示したりすることも必要です。そうする中で子どもたちみんなで，ルールを守ることができて心地よかった経験や，ルールを守ることの必要性にふれて，子どもたち同士が安心してつながりをつくっていくことになります。

人間関係構築の実際

「小さなできた」を感じることができるように

　道徳科の授業では，考えを伝え合ったり聞き合ったりしながら，多様な見方や考え方にふれ，自己理解や他者理解を深めていきます。授業の中でも，子どもたちは，人間関係を構築しています。教師はこのことをしっかりと意識し，豊かに人間関係を構築できるよう「小さなできた」を子どもたちが認め合い，感じることができるように工夫する必要があると考えます。

　では，どんな工夫ができるのでしょうか。

授業の中で「拍手」を用いる

　年度のはじめ頃には，友達の意見に「なるほど！」と思ったり「自分の考えと似ている！」と思ったりしたときに拍手をするようにします。発表した子どもは友達が自分の考えをしっかり聞いてくれている，自分のがんばりが認められているという実感をもつことができます。安心して発表できることは，次の発表への意欲，自信にもつながっていきます。「年度のはじめ頃」としているのは，2学期，3学期頃には，拍手がなくても，周りが聞いてくれていると思うことができる学級にする必要があるからです。

「振り返り」などを活用して

　子どもたちが発表するときには，「○○さんの考えと似ていて……」などその意見を発表した友達の名前を入れさせるようにします。また，学習の振り返りでは，「○○さんの〜という考えが……」というように友達の意見から学んだことを，その意見を発表した友達の名前を入れて書くように指導します。このようなことを通して，子どもたちは，自分の意見が役に立った，大切にされていると感じることができると考えます。それだけでなく学級の中での自分の存在感を味わうことができるのではないかと思うのです。

　友達の名前が入った「振り返り」を学級通信などで交流することで，自分が友達の学びに関わっているという実感にもつなげていくことができます。

〈龍神美和〉

> 🍀 まとめ
> ・お互いが認め合える安心できる学級づくりを！

視点3

教材選択

教材選択のポイント

✿ ポイント1　シンプルにできる教材を！ ✿

　教材は，子どもたちが，話し合ったり考えたりするためのベースとして，みんなが理解できるように提示できることが大切です。教材を提示する際には，子どもたちがねらいに向けて学習活動に取り組めるように，あまり必要ではない部分は簡単にして伝え，必要な部分に焦点化し，できるだけシンプルにしたいものです。シンプルにすることを大切にすると，登場人物が少ないもの，場面や背景が簡単なものとなります。そのような教材を選びしっかりと話し合い考えられる時間をとりたいですね。

✿ ポイント2　映像や絵，図を使ってイメージをもちやすくできる教材を！ ✿

　言葉だけで教材の内容を理解することはとても難しいです。写真や映像，絵，図などを用いてイメージを捉えやすくして提示できる教材を選ぶことが大切です。視覚化することで，どの子にとってもわかりやすいものになります。ポスターや，教材の動画，NHKのEテレを活用することもできるでしょう。ただし，視覚的な情報も多すぎると，何を見るべきなのか，何について考えるべきなのかが子どもたちにとってわかりにくくなってしまうことに気をつけたいです。

✿ ポイント3　身近なことが教材であるものを！ ✿

　子どもたちが考えるベースとしてイメージしやすいとなると，やはり身近な場面や身近な事柄が教材になっているものを挙げることができます。教材の状況もつかみやすく，役割取得も容易になります。役割取得が容易であると，動作化などによりさらに教材について，身体を使いながら深く内容を捉えさせることも可能になります。他教科や行事など子どもたちが体験したこととつながりの深い教材なども子どもたちにとって理解しやすい教材になります。しかし，教材に描かれている問題場面が，学級の状況と重なっているという意味ではありません。そうなると，話し合いは学級の問題を解決するために行われてしまいます。

教材選択の実際

教材選択の前提

　学習指導要領では教材について次の観点に照らし適切と判断されるものであることとして，次の3点が述べられています。

ア　児童の発達の段階に即し，ねらいを達成するのにふさわしいものであること。

イ　人間尊重の精神にかなうものであって，悩みや葛藤等の心の揺れ，人間関係の理解等の課題も含め，児童が深く考えることができ，人間としてよりよく生きる喜びや勇気を与えられるものであること。

ウ　多様な見方や考え方のできる事柄を取り扱う場合には，特定の見方や考え方に偏った取扱いがなされていないものであること。

　また，主たる教材として，教科用図書を使用しなければならないとされながらも，地域教材の活用，具体的には，生命の尊厳，自然，伝統と文化，先人の伝記，スポーツ，情報化への対応等の現代的な課題などを題材とし，児童が問題意識をもって多面的・多角的に考えたり，感動を覚えたりするような充実した教材の開発や活用が求められるとされています。

　教材の開発や活用は求められているところですが，指導者による恣意的な変更や修正は行われるべきではないとされています。つまり，年間指導計画の中にきちんと位置づけて教材の選択が行われるべきであるということになります。

身近な教材は，身近に！

　大阪府がつくっている『「大切なこころ」を見つめ直して』という教材集があります。その教材の会話文が大阪弁！　それだけでも，子どもたちと教材の距離が縮まります。また，自分たちの地域が舞台になっていたり，地域の有名人が教材となって登場していたりします。安藤百福のインスタントラーメン開発の話「まほうのラーメン」は，インスタントラーメンを食べたことがある子どもは多く，具体的なイメージももちやすく，人気の記念館も近くにあり，子どもたちは興味津々，そして教材理解も早かったです。それぞれの地域で作成されている教材のよさを生かすことを考えたいです。

〈龍神美和〉

❀ まとめ

・書かれていることがわかりやすく，たくさん考えることができる教材を！

教材提示・教具

教材提示・教具のポイント

🌸 ポイント1　教材は視覚的に提示しよう！ 🌸

　聴覚だけの情報より，視覚的な情報が加わる方が子どもはよりわかりやすくなります。アニメーションや紙芝居，ペープサート，パペットなどの活用とともに再現構成法（教師の語りと場面絵・フラッシュカードなどを用いながらスモールステップで教材を展開していく授業方法）も効果的です。黒板に教材提示をする際には，教材の構成（人間関係や対比の構造など）が一目見てわかるように提示することで，共通理解するべき内容の焦点化を図ることもできます。

🌸 ポイント2　子どもたちに必要な情報をしっかりと選ぼう！ 🌸

　子どもたちに，資料としてリンゴを見せたいとき，1つのリンゴなのか，それとも箱詰めになっているものなのかによって，子どもたちが得ることができる情報の質や量が大きく違ってきます。箱詰めの場合なら，どのリンゴの何を見ればよいのでしょう？　また，産地や箱の形など，ねらいとあまり関係のないことも気になるかもしれません。そう考えたとき，教材を提示するときも，ねらいに向かうのに必要な部分がしっかりと子どもに伝わるように，画像や場面絵の選択，教材の読み方などを工夫する必要があります。

🌸 ポイント3　見えないものを「見える化」しよう！ 🌸

　教材を用いて授業を進めていく中で，心の動きを問う場面が出てくることがあります。「AかBかどちらか？」という明確な選択肢を提示する方法もありますが，AともBともいえない曖昧さや，小さな心の揺れについて考えることが授業の大きなポイントになる場合もあります。
　言葉だけではうまく表せない，互いに理解しにくい……。一部の子だけの言葉の空中戦のようになりがちです。そんなとき，「心情メーター」や「心情円盤」などを使うことで，見えないものを「見える化」します。言葉だけに頼らないという視点で考えてみることが大切です。

教材提示・教具の実際

顔絵を使ってみよう！

「どんな気持ちだったのか？」という問いは，子どもたちにとってなかなか難しいものです。「間違っているかもしれない」と不安に思って発言できないこともあります。

そこで，言葉でいきなり問いに答えさせるのではなく，顔絵を用いて，見えないものを「見える化」することで，スモールステップで考えられるようにします。下の①〜⑤のような手順で行うと，子どもたちは，自分の考えにフィットする表現手段を友達から得ることができます。また，絵にすることで，ペアの友達も着目点ができ，質問しやすくなり，互いが話し合うきっかけ，言葉にするステップになります。

①簡単な顔絵を紹介する（授業の導入で顔絵がどんな気持ちを表しているか等を話し合い，顔絵で心情を表すことを伝えておけばよいでしょう）

②自分で顔絵を考えてかいてみる

③完成したり，困ってかき進むことができなかったりする場合はギャラリーウォーク（友達の机上のものを見て回る）をしてもよいこと，いいなと思ったアイデアはもらえることを伝える

④自分の絵をかき直したり，かきたしたりする

⑤ペアで絵について質問したり説明したりする

最初に見せる顔絵サンプル例

子どもがかいた顔絵

子どもたちは「〇」がかかれた用紙に顔絵をかきますが，個別の対応として，あらかじめ顔絵がかかれた複数枚のカードから選んだり，選んだものにかきたしていったりすることで「できる」を増やしていきます。また，文章で書き残すことが苦手な子どもも，顔絵があることで，学びの足あとを残すことができます。そして，教師も，顔絵をもとにペアの子や本人からも話を聞くことができます。「見える化」を意識することで子どもたちの参加度や理解度も上がり，「わかった」「できた」の実感につながります。

〈龍神美和〉

🍀 **まとめ**

・必要な情報を選び視覚化活用！　見えにくいものは「見える化」しよう！

視点5
学習形態

学習形態のポイント

✿ ポイント1　3人組を活用しよう！　✿

　ペアでの話し合いを学習形態として活用することは，簡単に話し合いの場を設定できるという便利さもあって頻繁に行われています。ペアに加えて，3人組でも話し合いができるように座席やグループ配置を決めておくことで，話し合いが広がります。

✿ ポイント2　子どもたちの集中できる時間を意識しよう！　✿

　子どもたちは一斉学習の中で，なかなか授業の内容や課題などへの注意や集中が続かないことがよくあります。そのようなときは，まず，発問の仕方を工夫することが大切です。長すぎたり，抽象的なことが続いたりすると，「わからない」が増えて子どもたちは落ちつかなくなります。ですから短く，具体的な発問が有効です。また，「子どもたちの集中できる時間」を知ることも大切です。子どもたちの集中できる時間を知った上で，発問や課題の工夫をこらした一斉指導を考えたいです。

✿ ポイント3　「友達が聞いてくれている！」という実感を！　✿

　机が全部前を向いて並んでいる場合，子どもたちは，「先生に話を聞いてもらおう」として，一生懸命に先生に向かって話す姿が多く見られます。そこで，「みんなの方を見て，発表する」ということ（一番前なら後ろを向いて）も大切にしましょう。また，聞く側の子どもたちも，「相手をしっかりと見て聞く」姿勢が重要です。教師はそのために，発表する子どもの反対の位置から全体を見渡したり，発表する子どもの横に立って，聞いている子の視線を確認したりすることが大切です。

　子どもの実態に合わせて，コの字型に子どもの座席を配置することも，「友達が聞いてくれている」という実感をもたせやすくなります。友達が頷いていたり，拍手をしてくれたりしていると，話すことへの自信や，安心できる教室環境にもつながります。

学習形態の実際

2人組，3人組の活用

　「ペアになって話をしましょう」はとてもよく見かける授業風景です。けれど，その後はどうでしょうか？　ペアになって話し合った必然性が子どもたちに生まれているでしょうか。せっかく話をしたのに，「はい！　はい！」と自分の考えだけを発表していては，もったいないと思うのです。そこで，「ペアの相手の考えを発表する」という設定をします。相手の話をしっかりと聞いて，自分の言葉で発表する。発表してもらった相手は，内容をしっかり発表してもらったとき，とてもうれしそうな顔をします。自分の意見をみんなの前で伝えることが苦手な子も，ペアの相手の言葉をそのまま発表できます。他者の話をしっかりと聞くことの練習にもなり，子どもたち同士のつながりを築いていくことにもなります。

　しかし，そのような工夫をしても，どうしても，自分の考えを友達に伝えることに苦手さを抱える子どももいます。そんなときには，まず，ステップとして3人組（トリオ）での話し合いを設定します。その子は，他の2人の「話を聞く」ことから始めます。そうすることで，苦手な子は2人の話にふれることができます。2人は話をしてくれる相手が組にいることになります。「話してくれないから一緒にするのが嫌」という思いをもたずに，苦手な子のことを待ったり，質問したりしてじっくり聞いてみようとする姿勢につなげることができます。

　子どもたちの座席の配置を工夫して，学習内容に合わせていつでも2人組，3人組にできる座席配置を考えておきたいです。

一斉指導の中で集中できる時間を知って，リスタートを！

　子どもたちの集中できる時間を知った上で，主に話を聞く学習と作業や活動などを組み合わせて設定することも大切です。また，動作化やギャラリーウォーク（机の上の友達のノートなどを見て回る）など「許可された離席」の時間をとって身体を動かさせ，リスタートできるように授業をプランニングすることも有効です。動作化は教材理解を助け，ギャラリーウォークは友達の考えを短い時間でたくさん知ることができる活動です。単に身体を動かしてリフレッシュするということだけではなく，ねらいの達成に向けた活動として適切な時間帯に意図的に設定していきたいです。

〈龍神美和〉

🍀 まとめ
・集中できる時間を把握し，互いを大切にできる学習形態を！

視点6
話し方・聞き方

話し方・聞き方のポイント

❀ ポイント1　相手を意識せざるを得ない状況をつくる ❀

　相手に自分の考えをわかりやすく話すことができるか，相手の話を理解することができるかは，どれだけ自分自身が相手を意識しているかによって変わっていきます。その相手意識のもち方が，相手の方を向いたり，伝わる声量で話したりする態度に表れます。しかし，相手意識をもちにくい子どもにとっては，難しい課題です。だからこそ，道徳科授業で条件のある問いを設定したり，ペア学習などの学習形態を工夫したりしながら，相手を意識せざるを得ない状況をつくってはどうでしょうか。相手の意見を聞く必要がある，自分の考えを伝えなければならない状況をつくり，まずは相手意識を醸成させていきましょう。

❀ ポイント2　短時間と少人数から始める ❀

　相手の話を長いなと感じたことはありませんか。資料がなく，相手の考えを1分以上聞いていると，最初に話していたことは何だっただろうと思うことがあります。子どもたちも長い話や自分には関係がないと感じた話には，集中力を欠いてしまいます。道徳科授業は，話し合い活動が主たる活動の1つで，言葉はとても大切です。だからこそ，まずは，短時間と少人数の話し合い活動を入れながらスモールステップで進める工夫をしていきましょう。

❀ ポイント3　話し方・聞き方のよさを価値づける ❀

　「相手に伝わる声量で話す」「相手の方を向いて話を聞く」など，話し方や聞き方のよさは，様々あります。教室に掲示する先生もいるでしょう。大切なことは，そのよさを子どもが自覚し，授業で活用できるようになることです。そのためには，教師が子どものよさを価値づけることが必要です。また，目に見える姿だけでなく，目に見えない思いのよさを価値づけることも有効です。「○○君の○○さんのお話を最後まで聞こうとする気持ちがうれしいですね」「○○さんの話を自分の考えと比べて聞こうとする意欲がすばらしいよ」など，思いのよさを価値づけることで子どもは授業で活用していこうとする気持ちを一層もつことができるでしょう。

話し方・聞き方の実際

□や（ ）を使った文を使って話そう

相手に自分の考えをどうすればわかりやすく話すことができるのか，相手の話をどうすれば理解することができるのか，相手意識をもつことが苦手な子どもにとっては，とても大きな課題です。その場合，□や（ ）を使って文を提示する方法が有効です。□や（ ）に自分の考えを入れさせて話し合いに活用することで，より相手にわかりやすく話したり，相手の話を理解したりすることができるでしょう。大切なことは，どの場面で提示するかということです。本時の授業を意識させるためのものなのか，道徳的価値に対する自分の考えをもつためのものなのか，使い分けることが大切です。

右の図は，教材「わたしはひろがる」（学研『新・みんなの道徳５』：内容項目Ｄ−㉒よりよく生きる喜び）を活用した授業の導入部分です。子どもたちの多くは日頃「わたしはひろがる」という意識をもちません。もたないからこそ，このまま教材を読んでも，教材を理解した

り，話し合ったりするのは難しいであろうと思いました。そこで，教材を読む前に「□を使った文の中にどんな言葉が入るか自由にペアで話し合ってごらん。時間は〇分間だよ」と促しました。その後の全体での話し合いで，自分の考えと比べて聞こうとする姿が見られました。□を使った文で何を考えるのか，話すのかを焦点化したり，ペアで言葉を探す活動を取り入れたりすることで，子どもは，自分の考えを話したり，相手の考えを聞いたりしやすくなります。そして，相手に意見を伝えることができた，相手と同じ意見だったという思いは，相手意識をもって話すことや聞くことのよさを自覚させていくことでしょう。

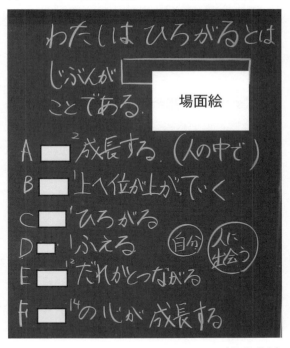

〈森重孝介〉

🍀 **まとめ**
・相手がいてよかったという思いをもたせる

視点7
説明と指示

説明と指示のポイント

❀ ポイント1　説明は，視覚化と組み合わせる ❀

　道徳科授業では，どんな説明があるでしょうか。例えば，教材のあらすじを説明する活動や言葉の意味を説明する活動などがあります。子どもは説明の言葉を聞きながら，頭の中でイメージしたり，自分の考えをもったりするでしょう。しかしながら，話し言葉を理解することが苦手な子どもにとっては難しい課題です。そこで，例えば，教材のあらすじであれば，場面絵を貼ったり，ペープサートを使ったり，動作化したりするなど，視覚化することが有効です。視覚化と組み合わせて説明することで，教材の理解につながったり，話し合い活動に活用したりすることができます。

❀ ポイント2　指示は，支援と組み合わせる ❀

　例えば，道徳科授業で「教科書の〇ページを開きましょう」や「〇〇の思いについてペアで話し合いましょう」と教師は指示をします。ですが，すべての子どもたちが教師の指示を理解しているでしょうか。子どもの困り感は様々です。子どもの困り感に寄り添い，ページ数を板書したり，話し合うペアを確認したりする支援を行うことが大切です。授業づくりの中で，支援を組み合わせた指示を考えておくとよいでしょう。

❀ ポイント3　説明と指示は，子どもの文脈を大切にする ❀

　教師の説明と指示を受けて，子どもが不安に思うことの1つに「なぜ先生は，今，〇〇と言ったのだろうか」ということがあります。道徳科授業を問わず，教師が考える大切なことの1つは，子どもの文脈です。文脈を外れた説明や指示は，子どもを惑わせます。だからこそ，子どもの学びにつながりのある説明や指示が必要です。つながりのない説明や指示をすると，子どもは様々な反応を示します。そうなると，教師はその反応一つひとつに対応することに終始してしまいます。説明と指示は，ちょっとした言葉の使い方で変わっていきます。1つの説明，1つの指示が子どもにとって簡単でわかりやすいものであるか考えることが大切です。

説明と指示の実際

子どもの困り感を，必要とする適切な支援に変える

　教師の説明と指示に対して，子どもは，「先生の言葉の意味がわからない」「先生が何を言っているのか忘れてしまった」などの困り感をもちます。特に説明と指示の意味や内容を理解することに困り感をもつ子どもが多いと思います。

　逆に考えると，「先生の言っていることをわかりたい」と子どもは教師の説明や指示の意味や内容を理解したいと考えています。教師は，意味や内容を理解させるためにも，困り感をもつ子どもが必要としている適切な支援を考えることが大切です。

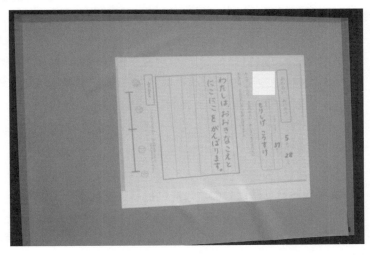

　写真の道徳科授業（教材「あかるいあいさつ」：学研『新・みんなのどうとく1』）では，自分の考えを書いたり，振り返りをしたりするのにワークシートを使用しました。写真は，ICT を活用して，ワークシートを拡大した図です。「書きたいけれど，ワークシートのどこに何を書くのか知りたい」という子どもが必要とする支援を考え，拡大しました。タブレットに文字を書きながら説明することで，どこに何を書くのか理解する子どもの姿が見られました。ICT を活用したり，実際にやってみせたりするなど，モデルを示す方法は，教師の説明や指示の意味や内容を補う効果があります。また，昨今は，ICT を活用することで，今までの，どうすれば理解できるだろうかという悩みを解決する方法が多く出てきました。今後，子どもが必要とする工夫した支援を様々に考え，共有していくことが，困り感をもつ子どもを助けていくことになるでしょう。

〈森重孝介〉

 まとめ
・困り感から，どんな支援を必要としているか考える

視点8
発問

発問のポイント

❀ ポイント1　発問同士のつながりを考える ❀

　道徳科授業における発問は，どんな意味があるのでしょうか。「自分との関わりで道徳的価値を理解したり，自己を見つめたり，物事を多面的・多角的に考えたりするための思考や話合いを深める上で重要である」（小学校学習指導要領解説　特別の教科　道徳編）と，発問は子どもの道徳性を深める大切な支援です。また，「授業のねらいに深く関わる中心的な発問をまず考え，次にそれを生かすためにその前後の発問を考え，全体を一体的に捉えるようにするという手順が有効な場合が多い」と，発問の構成の仕方も明記されています。大切なことは，子どもの意識をもとにその発問同士がつながっているかどうかを考えることでしょう。

❀ ポイント2　子どもの思考を助ける支援をする ❀

　発問した際，子どもが困った顔をしていることはありませんか。その困り感は，例えば「教材の内容を理解できず，発問の意味がわからない」や「発問自体を忘れてしまった」など様々です。教材の内容を理解していないのであれば，サイドラインを引かせながら範読するなどの支援が考えられるでしょう。また，発問を板書するなどの支援も考えられるでしょう。子どもの思考を助ける支援を行うことで，しっかりと考えることができる発問となっていきます。

❀ ポイント3　発問で子どもが学ぶことは何か考える ❀

　先生方は，道徳科授業でどのようなねらいを立てていますか。そのねらいは，子どもが自分を見つめ，道徳性を深めていくことにつながりますか。発問は，子どもがねらいに向かっていく上で大切な支援です。であれば，発問によって学習することは何かを教師は考える必要があります。例えば「親切，思いやり」の道徳的価値をねらいとした教材で授業をしたとします。「思いやりのある言葉は相手や自分の気持ちをあたたかくする」ことに気づかせたい発問はどんな発問になるでしょうか。そのように子どもが学習することは何か考えた発問は，精選された発問となり，子どもが考えやすい，わかりやすい授業につながっていきます。

発問の実際

導入の発問を生かす

　発問については，主題に関する発問や教材に関する発問など，多くの研究者によって整理されています。授業のねらいに向けて，発問を組み合わせることによって，自分との関わりで深く考えたり，多面的・多角的に物事を考えたりする子どもたちの姿が見られます。「最も平易で，授業化しやすいのは，『内側発問』で共感的に理解した後，『外側発問』で『自分なら』と考えたり，『善いか悪いか』を考えたりする発問構成」（坂本哲彦「2　発問の精選」『道徳教育』2017年11月号，明治図書）とあるように，子どもの共感的理解とつながりのある発問構成が，子どもにとって考えやすい，わかりやすい学習になると考えます。

　写真は，教材「なかよしポスト」（学研『新・みんなのどうとく3』：内容項目C－⒃よりよい学校生活，集団生活の充実）の板書です。導入で「3年1組のよいところは，どんなところですか」と問いました。子どもたちは日々生活するク

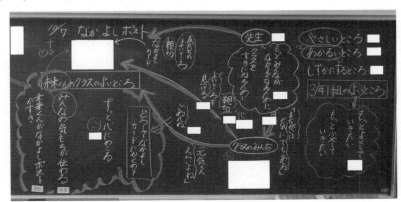

ラスのよいところを挙げていきます。その後，教材を紹介し，「未来くんのクラスのよいところは，どんなところか探しながら読んでください」と促し，範読後，中心発問として問いました。導入と展開で似た発問をすることで，子どもは何を考えたらよいかわかりやすく，はじめの自分の考えと比べながら教材を読むことができます。また，終末には今までの学びをもとに，導入と似た発問を設定することで，本時の授業で自分が考えたことは何かが明確になったり，はじめの考えと比べて自分の考えがより深まったことに気づいたりすることができます。導入での発問で子どもが一生懸命に考えたことを生かして，展開や終末の発問を考えていくことは，子どもの意識がつながる授業となり，子どもの考える，わかる学びを充実させていくと考えます。

〈森重孝介〉

🍀 **まとめ**
・子どもの意識を大切にした発問を考える

視点9
問い返し発問

問い返し発問のポイント

✿ ポイント1　子どもの発言を分ける ✿

　問い返し発問は，子どもの多面的・多角的に考えることや自分自身との関わりで考えることを活性化したり，道徳的価値の理解をより深めたりするのに有効な支援です。子どもが気づいていない視点で問い返す発問もありますが，子どもの意識とつながりがある問い返し発問の方が，学びに困難さをもつ子どもにとっては考えやすい場合があります。そう考えると，中心発問で出た意見を教師が子どもと共に分けて板書し，ある観点で問い返すことが有効だと思います。例えば，場面で分ける，人物同士で分ける，4観点で分ける，行為と心情で分ける等があります。授業のねらいに応じ，子どもの意見の内容を吟味しながら分けていくとよいでしょう。

✿ ポイント2　子どもの発言を工夫して板書する ✿

　問い返し発問をすることで，教材を一読しただけでは出てこない意見を子どもたちは発言します。その意見を工夫して板書することが大切です。例えば，番号をつける，顔文字で表す，矢印を使う，色チョークを使う，枠で囲む等です。出てきた意見を工夫して板書することで，子どもたちは視覚的に意見の内容や意味を理解することができます。また，本時の授業で考えたこと等を板書で確認し，自分の学びを振り返ることにも生かすことができます。

✿ ポイント3　子どもの「比べる力」を生かす ✿

　問い返し発問には様々な発問（日本授業UD学会　2020年　授業のユニバーサルデザイン道徳　坂本哲彦）があります。例えば，「それぞれの意見で違うところは何ですか」や「自分が大切にしたいことは何だと思いますか」等の問い返し発問は，友達同士の意見の共通点や相違点を考えたり，自分の納得度や大切にしたいことを考えたりさせるのに有効です。ここで大切なことは，子どもの「比べる力」を生かすということです。子どもは日頃から学習や生活の中で何かと何かを比べながら考えを深めています。道徳科授業の中に「比べる」視点を取り入れた問い返し発問をすることで，より学びを深めていくことができると考えます。

問い返し発問の実際

「比べる」問い返し発問で，子どもたちの学びを豊かにする

　「比べる」視点の問い返し発問は，子どもの意識の流れに沿って行うことが多いので，学びに困難さをもつ子どもも考えることができると思います。

　右の写真は，教材「がんばれポポ」（学研『新・みんなのどうとく2』：内容項目A－(5)希望と勇気，努力と強い意志）の板書です。「ポポががんばったことは何ですか」と問い，ネームプレートを貼りながら，子どもの意見を5つに分けて番号をつけました。ここから「みなさんは，ポポが一番がんばったことはどれだと思いますか」と共

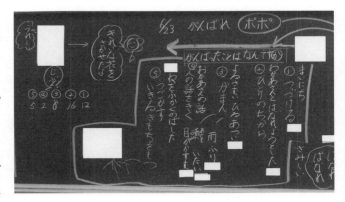

感的理解を図ったり，「これから自分が一番大切にしたいことは何番ですか」と自分自身との関わりで考えたりさせる問い返しをしながら道徳的価値の理解を深めました。

　右の写真は，教材「幸福の王子」（学研『新・みんなのどうとく3』：内容項目D－(21)感動，畏敬の念）の板書です。中心発問「なぜ天使は王子の心臓とつばめのなきがらを美しいものとして選んだのか」から，黒板の右と左にその理由を分けて書きました。子どもから「心の美しさ」という意見が出たので，「両方に共通する心の美しさ

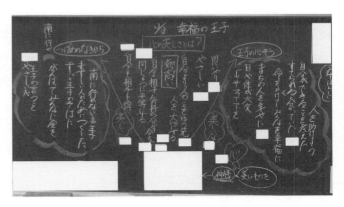

とは何ですか」と問い返し発問をしました。「自分より人のことを優先」「人を大切にする」など「心の美しさ」の具体を考える子どもたちに「納得できる考えかどうか」を問い返すことで，ねらいの達成に向けて学びを深めることができました。

〈森重孝介〉

> 🍀 まとめ
> ・「子どもの学び」をもとに問い返し発問をする

視点10
板書の基本

板書の基本のポイント

❀ ポイント１　板書は子どもたちが思考を深めるノートと考える ❀

　道徳科授業の板書は，「思考を深める重要な手掛かりとなり，教師の伝えたい内容を示したり，学習の順序や構造を示したりするなど，多様な機能をもっている」（学習指導要領解説　特別の教科　道徳編）とあり，道徳科のねらいの達成に向けて大切な指導方法の工夫の１つといえます。いわば，子どもたちのノートといえます。そう考えると，道徳科授業にふさわしい環境となるように黒板の環境を整える必要があります。黒板に道徳科授業とは関係のない掲示物が貼ってあったり，周囲に物が乱雑に置いてあったりすると，子どもの集中を妨げます。道徳科授業の板書は，子どもの思いが表れている板書を心がけるとよいでしょう。

❀ ポイント２　何をどこに板書するか，子どもの学びをもとに板書計画を立てる ❀

　道徳科授業では何を板書しますか。日付，教材名，学習課題，子どもの意見，場面絵，発問，振り返り等，地域で違いはありますが，道徳科授業の板書には様々な情報があると思います。子どもたちが黒板を生かして話し合いをしやすいよう，学びに困難さをもつ子どもにとってわかりやすいよう，その情報を適切に板書する必要があります。そのために，毎週の道徳科授業の板書を撮影し，本当に学びやすい板書となっているか振り返ってみるとよいでしょう。

❀ ポイント３　色チョークや図等を効果的に活用する ❀

　「板書の機能を生かすために（中略）対比的，構造的に示したり，中心部分を浮き立たせたりするなどの工夫をすることが大切」（学習指導要領解説　特別の教科　道徳編）とあるように，板書の工夫は子どもの学びを助けます。だからこそ，板書の基本として色チョーク，図や矢印等を効果的に活用することが大切です。例えば，黄色のチョークで大切な言葉を板書するとか，場面同士の関係性を矢印でつなげる，適切に図を使用して子どもの理解を助けるということが考えられるでしょう。

板書の基本の実際

授業のねらいや発問をもとに，「考えやすい」板書をつくろう

右の写真は，教材「はしの上のおおかみ」（学研『新・みんなのどうとく1』：内容項目B−(7)親切，思いやり）の板書です。「おおかみさんの2つの『えへん，へん』という言葉は同じ？　違う？」という発問をしました。比較することで，道徳

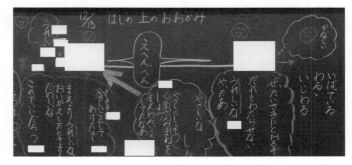

的価値の理解を深めようとしたのです。そこで，子どもが比べて考えやすい板書を心がけました。右と左に図を提示したり，表情絵をかいたり，おおかみの言葉と思いをふきだしで表したり，矢印で関係をつなげたりしながら視覚的にわかる板書をつくろうとしました。また，真ん中に「えへん，へん」と書くことで，何を考えるのか焦点化して考えさせるようにしました。

右の写真は，教材「ころきちのバイオリン」（学研『新・みんなのどうとく2』：内容項目D−(21)感動，畏敬の念）の板書です。本時は，自然の命や力強さにふれ，心に明るさを取り戻していく人物から，美しいものに感動する心について考えを深

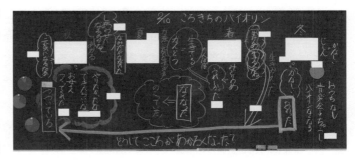

める授業です。本時では，時系列に場面絵を提示したり，心の明るさを心情円盤で考えさせたりする支援を行いました。そうすることで，教材の人物の変容を考えやすい板書を心がけました。

授業のねらいは何か，発問は何か考えることと子どもの学ぶ姿を想起することが，板書計画を立てる上で有効な方法だと考えています。板書は，学びの困難さをもつ子どもにとって大きな支援です。「考えやすい」板書づくりは，子どもの「わかる」につながり，道徳的諸価値の理解を深めていくと考えます。

〈森重孝介〉

🍀 まとめ

・子どもが「考えやすい」板書をつくる

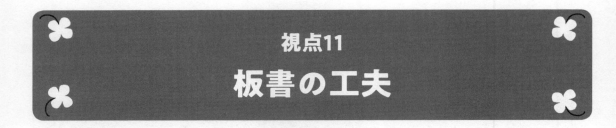

視点11
板書の工夫

板書の工夫のポイント

❀ ポイント1　基本的なパターンを決めて ❀

　板書の目的は，学級全体での学びの共有です。そのために学びの過程を誰もがわかるように示す必要があります。道徳科は，多くの授業が1単位時間で完結するため，毎回同様の板書の基本パターンを使用することが可能です。例えば，縦書きか横書きか，めあてや振り返りを書くか書かないかということ一つひとつをきちんと決めて毎回書くだけでも，子どもの負担は減ります。年度はじめの授業で，板書の基本パターンを決め，子どもにも説明しておくとよいでしょう。

❀ ポイント2　一人ひとりの考えを位置づける ❀

　わかりやすい板書とするためには，出された考えがまとめられ，文字の量が少ないことが大切である一方で，一人ひとりの考えが学級全体の考えの構築に役立っているということを視覚的に感じさせていくことも，板書の役割として大切にしたいことです。そこで，一人ひとりの発言を必ず板書に位置づけます。考えは文字で表すだけでなく，似ている考えが出たときは，すでに書かれた考えに傍線を引いたり，強調したい考えには★などの任意のマーク，納得した考えには⑳マークをつけたりして，できるだけわかりやすくなるよう工夫することができます。

❀ ポイント3　短いキーワードでわかりやすく ❀

　学級の誰もが友達の考えを理解できる授業にするために，板書は重要な役割をもっています。授業者は子どもの発言を聞きながら，その考えを短くまとめ，書いていきます。いくつか似た考えが出されたら，それらに共通する考えをキーワードとして色チョークで示すことも，子どもの理解を助けることになります。板書を3色のチョークで書き分けて，キーワードを捉えやすいようにすることも大事にしたいです。

板書の工夫の実際

学び方，学んだ内容がわかる板書の基本パターン

筆者が実践している板書の基本パターンを，高学年の教材「ブランコ乗りとピエロ」で紹介します。

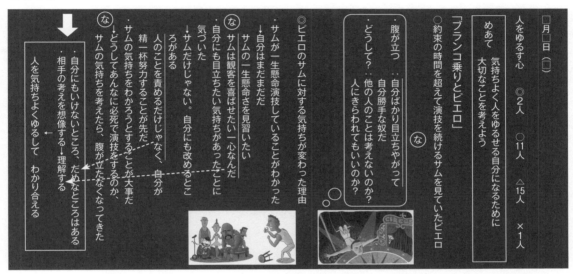

挿絵出典：後藤範行・絵（『道徳5』光村図書〈2020年度版〉）

作成の視点

板書の基本パターンとして，必ず書くのは次の6つです。①日付，②導入時の発問への反応，③めあて，④教材名，⑤発問と子どもの発言，⑥捉えた道徳的価値，これらに加えて，学んだ内容が視覚的にわかるように，次のような工夫を行っています。

・ふきだし：登場人物の心情はふきだしの中，変化の理由など，子ども自身の考えは箇条書きというように区別することで，何を書いているのかわかりやすくする

・「納得マーク」：話し合いの中で友達の考えに納得したところに⑲マークを入れる

・矢印：どの考えがもとになって道徳的価値を捉えたのかわかるように，関係する考えを矢印でつないでわかるようにする

〈尾崎正美〉

🍀 まとめ

・板書の基本パターンを共通理解した上で，学びの足跡がわかるようにする

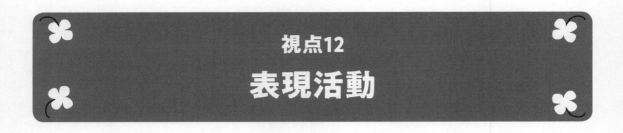

視点12
表現活動

表現活動のポイント

❀ ポイント1　書く活動との連携 ❀

　主体的な学習において，子どもが進んで自分の考えを発言する機会を大事にしたいです。誰もが発言しやすい学級の風土をつくっておくことは無論大切ですが，授業の中で必ず全員が発言する機会を設けることも効果的です。誰もが発言しやすいのは，中心発問に対する考えと，展開後段のこれまでの自己の生き方の振り返りや終末の本時の中で特に大切にしたいと思った考えのまとめなどです。発言の前に，必ずワークシートやノートに考えを書く活動を取り入れたいです。書くことによって，自分の考えを客観視でき，表現しやすくなるからです。

❀ ポイント2　表現方法の確実な理解 ❀

　道徳科の学習での表現活動には，全体での発言だけでなく，グループでの話し合い，動作化，役割演技，色カードやネームカードの提示など多様にあります。どの表現方法を採るにしても，その方法が複雑でわかりにくいものであれば，子どもの意識は表現したい考えそのものに集中することができなくなります。「目的」「使用するもの」「手順」の3点を簡潔にわかりやすく伝えてから行わせることは重要です。必要に応じて，図やイラスト等も用いて方法を確実に理解できるようにしたいです。

❀ ポイント3　表現活動の意義の理解 ❀

　道徳科で表現活動を重視しているのは，道徳科では他教科の学習よりも子どもの多様な考えが出されやすく，その多様な考えをもとにして道徳的価値の理解を深めたり，一人ひとりの自己の生き方を振り返ったりしているからです。その意義を授業開きのオリエンテーション等で子どもと共有できているでしょうか。最初に表現活動の意義を共有しておくことで，「話すだけ」「演技するだけ」の表現活動とならず，全体の考えを深めるための活動となっていくでしょう。

表現活動の実際

低学年では「へんしん！」で自分と重ね合わせて表現

　道徳科で大事にしている共感的な理解が，道徳科の学習入門期の１年生には意外と難しいです。「つるをどんどん伸ばしているとき，かぼちゃさんはどんなことを考えていたでしょう」と聞いても，はじめからかぼちゃになったつもりでかぼちゃの考えを話せる子どもは多くはないです。「かぼちゃはいけないと思う」とかぼちゃの行為を非難したり，「かぼちゃじゃないから，わからない」と困ったりする子どもが必ずいます。

　そこで，１年生には「人の考えはいろいろ違うこと」「自分と違う考えを聞けると自分の考えがもっとすてきになること」「だから，自分の考えを何でも話していいこと」をきちんと言葉で伝え，学級で共有しておきます。その上で，「道徳でお話の人の気持ちを考えるときは，『変身の技』を使います」と伝え，教材の登場人物に変身して話すことを提案します。変身するときのポーズもみんなで揃え，変身の仕方も少し練習します。忘れてはいけないのは，終末で変身を解き，自分に戻ることです。ほとんどの１年生は，「へんしん！」が大好きです。「変身」すると，自分の話していることは，教材の登場人物の考えになるので，安心していろいろな考えを出せるようになります。教材提示の後，「今日は誰の気持ちを考えていったらよさそう？」と聞くと，たいてい主人公の名前を挙げるので，そこから変身タイムの始まりです。

　例えば，「かぼちゃのつる」という教材では，次のような流れになります。

Ｔ：じゃあ，「かぼちゃさん」に変身しよう。変身用意。

　（全員で忍者のようなポーズをとり，変身の合図を待つ）

Ｔ：「かぼちゃさん」に……（みんなで声を揃えて）

Ｃ：へえんしん！（組んだ指を自分の前でくるっと１回転）

　これで，学級のみんなが「かぼちゃさん」になっています。

Ｔ：ねえ「かぼちゃさん」たち，つるを畑の外まで伸ばしていたとき，どんな気分だった？

Ｃ：すごく気持ちよかったよ。

Ｃ：もっともっと伸ばしたいなあ。

　「変身」中は，子どもの呼び名も苗字の下に「かぼちゃさん」をつけて呼ぶと，「変身」感が高まり，楽しく素直に表現できるようになります。低学年の間，この「変身の技」を使うと，自分と重ね合わせて共感的に考えるという視点が育成されていくでしょう。　　　　　　　〈尾崎正美〉

🍀 まとめ
- 何のための表現活動か理解し，安心して自分の考えを表現できる工夫を

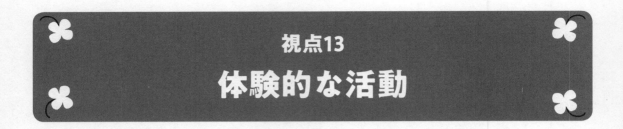

視点13
体験的な活動

体験的な活動のポイント

✿ ポイント1　体験的な活動の目的の理解 ✿

　道徳科の学習は，自己の生き方を考えるために教材の登場人物の生き方を考えるという入れ子の学習構造になっています。自己を客観視したり，登場人物に投影したりすることが苦手な子どもには，特定の場を設定した疑似体験の活動は難しい場合もあるかもしれません。しかし，授業者がその体験活動の目的をわかりやすく説明した上で，繰り返し経験していくことで，体験活動のよさを理解していくことができるでしょう。

✿ ポイント2　わかりやすい場の設定 ✿

　体験的な活動は，特定の場面を想定して疑似体験を行うため，場の設定の説明が必要です。そのときの説明は，できるだけ簡潔にしたいです。動作化を通して教材の登場人物の心情を考えたり，役割演技を通して登場人物の心情を表現したりするときは，教材提示の後なので，場の設定が比較的わかりやすいですが，捉えた道徳的価値をもとにしてあいさつや行儀などの体験を行うときは，場の設定（時，場所，人物，状況）を明確にし，簡潔に伝えておく必要があります。活動に入る前に，全員が場の設定を理解しているかを確認しておくことも忘れずしたいです。見る側も理解しておかないと，体験活動の後の学習につなげられないからです。

✿ ポイント3　「体験するだけ」にしない ✿

　体験活動の目的は，それによって道徳的価値の理解と自己の生き方についての考えを深めることにあります。だから，やりっぱなしで終わるのではなく，代表者の役割演技の後は，見ていた子どもに気づきを尋ねたり，全員でソーシャルスキルなどの体験をした後は，捉えた道徳的価値とのつながりを捉えて示したりすることが大事です。大切なのは，体験活動そのものより，その後の話し合いでの学びの深まりへのつなぎです。

体験的な活動の実際

目標達成シート作成の活動

道徳科の教科書では，授業で取り入れやすい体験的な活動をいくつか例示しているものもあります。ここでは，「夢を実現するためには」（『道徳５』光村図書）で紹介されている「目標達成シート」作成の体験的な活動について紹介します。

教材では，目標を高くもち，今の自分にできることから具体的に考えて，努力していくことの大切さを捉えるために，メジャーリーガーの大谷翔平選手が高校時代に実際に書いていた目標達成シートを挙げて（右図），子どもの意欲を高めています。授業では子どもが自分でも高い目標に向かって，どう努力していくのか考えられるように，中心の９マスのみ（太枠内）の目標達成シートの作成体験ができるようになっています。９マスの真ん中に５年生修了時の目標を書き，周りの８マスに目標達成に必要な行動を書き込むようになっています。取り組んでみるとわかりますが，８個の具体的な行動を考えることは，５年生にとっても難しいです。難しいですが，一生懸命考えていくことで，子どもは，これまでは目標を設定するだけで終わっていた自分や，決めた目標を本気で達成しようとしていなかった自分に気づきます。実際にシートを作成することで，自分自身を見つめ直し，目標達成へ近づく方法を具体的に想定することの難しさと大切さを実感することができるのです。このように，体験的な活動の具体的な方法や見本が示されていることは，見通しをもって活動に取り組みやすくなることにつながります。また，授業では９マスのみの部分的な作成にしておくことで，子どもが体験的な活動の意義を理解するという目的は達成した上で，学習後，日常生活で子どもが活用しやすくなっています。

大谷翔平 2010 12.6

体のケア	サプリメントをのむ	FSQ 90kg	インステップ改善	体幹強化	軸をぶらさない	角度をつける	上からボールをたたく	リストの強化
柔軟性	体づくり	RSQ 130kg	リリースポイントの安定	コントロール	不安をなくす	力まない	キレ	下半身主導
スタミナ	可動域	食事 夜7杯 朝3杯	下肢の強化	体を開かない	メンタルコントロールをする	ボールを前でリリース	回転数アップ	可動域
はっきりとした目標、目的をもつ	一喜一憂しない	頭は冷静に心は熱く	体づくり	コントロール	キレ	軸でまわる	下肢の強化	体重増加
ピンチに強い	メンタル	雰囲気に流されない	メンタル	ドラ1 8球団	スピード 160km/h	体幹強化	スピード 160km/h	肩周りの強化
波をつくらない	勝利への執念	仲間を思いやる心	人間性	運	変化球	可動域	ライナーキャッチボール	ピッチングを増やす
感性	愛される人間	計画性	あいさつ	ゴミ拾い	部屋そうじ	カウントボールを増やす	フォーク完成	スライダーのキレ
思いやり	人間性	感謝	道具を大切に使う	運	審判さんへの態度	遅く落差のあるカーブ	変化球	左打者への決め球
礼儀	信頼される人間	継続力	プラス思考	応援される人間になる	本を読む	ストレートと同じフォームで投げる	ストライクからボールに投げるコントロール	奥行きをイメージ

実際（じっさい）に大谷（おおたに）選手が高校時代に書いた、目標達成シート

出典：2013年２月２日　スポーツニッポン新聞
『道徳５』光村図書〈2020年度版〉

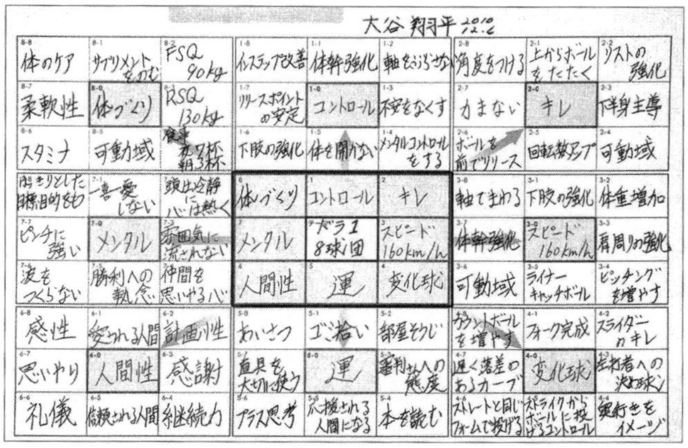

〈尾崎正美〉

> ✤ まとめ
> ・体験的な活動の目的を明確にし，全体像や方法を具体的に示す

視点14
評価

評価のポイント

❀ ポイント1　本時で目指す子どもの姿を具体的に想定しておく ❀

　特別な支援が必要であるかどうかにかかわらず，道徳科の評価は子どもの自己内評価です。したがって，一人ひとりの子どもについて，日々の学習状況を把握しておくことが大事になってきます。評価の視点として，小学校学習指導要領解説　特別の教科　道徳編では，「一面的な見方から多面的・多角的な見方へと発展している」「道徳的価値の理解を自分自身との関わりの中で深めている」を挙げています。これらの2点について，子どもの自己評価を参考にすることもできますが，教師自身が一つひとつの授業で，2点の子どもの姿を明確に想定しておくことの方が重要です。目指す姿の想定が明確にできていると，子どもの学習の中での成長を捉えることができやすくなります。

❀ ポイント2　具体的に伝える ❀

　授業の中で捉えた子どもの成長は，できるだけすぐに子どもに伝えたいです。「自分と違う考えの友達の意見を最後まで真剣に聞けましたね」「自分のことを思い出して詳しく話すことができましたね」など，その時間の成長を道徳ノートやワークシートに一言，コメントとして書き，すぐに返します。成長を文字で具体的に伝えることでどの子も道徳科の学び方を習得していくことができます。学級の人数が多い場合は，全員の学習の様子を教師の観察だけで見取るのは難しいので，子どもの記述内容から考えの変化を見取る評価と併用するとよいです。

❀ ポイント3　学級全体の学習の様子も評価する ❀

　学級の中で様々な考えをできるだけ出し合い，多様な考えにふれながら自己の生き方についての考えを深めていくことを大切にしている道徳科の学習では，学級の受容的な風土は非常に重要です。その風土の維持のために，授業の中で，少数の意見を大事にしたり，発表が苦手な友達の声を一生懸命聞こうとしたりする様子が見られたら，すかさず学級全体のやさしさや友情，マナーを具体的に評価するようにしたいです。日々，機会を逃さずこのような評価を全体に返しておくことで，学級全体にどんな考えでも安心して話せる風土が維持されていきます。

評価の実際

適切な評価は明確な視点から

　誰もが安心して発言でき学びが深まる授業は，日々の教師の評価によってつくられます。教師が評価の視点として目指す授業や子どもの姿を明確にもった上で，適切な評価を行っていくことで，授業はみんなが成長するものになります。筆者は前述のように，子ども個人だけでなく，学級全体の評価も大切にしています。子ども一人ひとりの成長に伴って学級全体も成長していきます。その成長の過程の姿を段階的に想定し，それを日々の授業の際の評価の視点としています。（枠内参照）

> ①話を聞く
> ②話を聞いて反応する
> ③自分の考えを話す
> ④自分の考えをわかりやすく話す
> ⑤人の考えに質問する
> ⑥自分と異なる考えのよさを認める
> ⑦考えを交わすことを楽しんでいる

　1年かけて①から段階的に視点を変えながら，学習中の子どもの姿を評価するようにしています。年度はじめの学習では，①や②についての評価が多く出ます。例えば，①では「○○さん，いつも友達の発表を一生懸命聞いていますね」「△△さん，話している人の方を向いて話を聞いていますね」など，どういう聞き方がよいのかわかるように声をかけます。一人ひとりの聞き方のよさを捉えて，その子なりの聞き方のよさを見つけて評価するようにしているので，学習中はとにかくたくさんほめています。具体的にほめて評価することを通して，子どもは話を聞くことの大切さを感じるだけでなく，どういう聞き方をすればよいのかわかっていきます。学級の中に①の姿が定着してきたら，②の評価の視点を取り入れていきます。具体的には，「○○さん，頷きながら発表を聞いていたね」「△△さん，発表を聞いて『なるほど〜』とつぶやいていたね」と反応をしながら聞いている様子を見つけて声をかけていきます。③以降も同じように進めていきますが，子どもによっては，なかなか次の段階へ進めない場合もあります。その場合は，その子どもが今挑戦している段階でほめることを続けていくようにしています。また，早い時点から⑥や⑦の視点をもちださないようにも気をつけています。子どもには，段階を踏んで同じ視点で繰り返し評価を返していくことが，無理なく力をつけていく鍵となるのです。

〈尾崎正美〉

🍀 まとめ
・目指す姿を視点としてもって，具体的に評価する

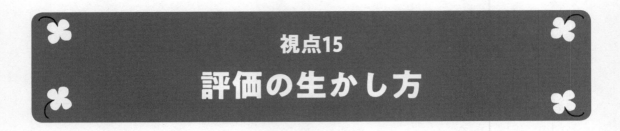

視点15
評価の生かし方

評価の生かし方のポイント

❀ ポイント1　評価の積み重ねから子どもの変容を捉える ❀

　毎時間の授業後，その時間の子どもの成長を一言コメントで道徳ノートやワークシートに記述して返していたものは，蓄積しておくことが評価を生かすために重要です。例えば，自分の考えを詳しく語ることはできるが異なる考えを受け入れにくい子どもの場合，自分の考えを積極的に語ったことを認めつつ，「友達の考えを最後まで聞けた」「自分から友達に質問した」「異なる考えを聞き，『たしかにそうかも』とつぶやいて納得した」等，自分と異なる考えを受け入れようとするようになった様子を見逃さず，コメントに記録しておくことで，その子どもの変容が見取れるようになります。

❀ ポイント2　定期的に評価を保護者に伝える ❀

　道徳科の学習は，子どもが自己の道徳的価値観に基づいた考えを自由に語り合える時間です。子どもから出される考えを聞いていると，その子どもが普段からどんな考えを大切にしているのかがわかってきます。たとえ，普段は授業で言っていることと正反対の行動をしているように見える子どもでも，その子の中には，言葉通りの道徳的価値観が育ってきているということです。いうなれば，芽吹きの状態かもしれません。その状態をいち早く捉えて保護者に伝えることができると，子どもの道徳的な成長を後押しすることになるのではないでしょうか。

❀ ポイント3　子ども自身の変容の自覚に生かす ❀

　前述の通り，毎時間の教師のコメントは，子どもの道徳ノートやワークシート等の学習の記録に書き込みます。子ども自身がそのコメントをいつでも見られる状態にしておくことは，子どもの自己の成長の自覚につながります。自分のがんばりを認められる評価は誰でもうれしいものです。中には，授業の前の休み時間にこれまでの道徳ノートの記述を読み返している子どももいます。自己評価や教師による評価の蓄積が，子ども自身の成長を後押ししていると感じる瞬間です。

評価の生かし方の実際

保護者への伝え方

　視点14でも述べたように，毎時間の評価では，「一面的な見方から多面的・多角的な見方へと発展している」「道徳的価値の理解を自分自身との関わりの中で深めている」の2点について具体的な様子を記録しているので，通知表や個人懇談等で保護者に評価を伝える際は，それらを見返して子どもの学習の様子の特徴を見出すようにします。そのとき伝える評価は子どもの「自己のよりよい生き方を求めていく努力を評価し，それを勇気付ける働きをもつようにする」（小学校学習指導要領解説　特別の教科　道徳編）ものでなければなりません。例えば，友達の考えをすぐに受け入れることができず，一見後ろ向きに見える発言ばかりする子どもの場合，よりよい生き方について多様な見方ができるようになってきて，「よりよい生き方」そのものについての考えが深まってきている段階と考えられます。保護者には，「道徳の学習では，いろいろな人の考えを鵜呑みにせず，本当にそれがいいのかじっくり考えてみんなに問いながらよい生き方についての考えを深めることができています」と伝えていきたいです。保護者に伝えるのは子どもの学習の様子ではありますが，道徳科の学習は自己の生き方について考えていく学習です。「たくさん発表している」「ノートによく書いている」だけではなく，子どもがどのように自己の生き方と向き合っているのか，そこを伝えられるように日々の評価を活用したいです。

　通知表や個人懇談では上のような大くくりな評価に，その具体例を挙げて伝えることが多いです。ある保護者に「『失敗は成功のもとだから』くじけずにがんばる自分になりたいと発表していました」と伝えると，「それ，いつも父親とふたりで言っていることなんです。失敗したらものすごく落ち込んでいますけどね」と微笑みながら教えてくださったことがありました。道徳科の学習が，子どもたちの普段の生活とつながっていることを感じました。保護者からすれば，家庭の教育が着実に子どもに根づいていることを知るよい機会ともなります。普段の生活での様々な経験が子どもの道徳的価値観をつくり，その道徳的価値観をもとに道徳科の学習で子ども同士語り合い，刺激を受けて，自分の中の道徳性を高めていきます。その道徳性の高まりは，子どもの発言や考えの記述に見えてきます。誰にでもその高まりはあります。評価をする私たち教師が，その子どもの姿を高まりとして見ていくことで，評価は子どもを勇気づけるものとなるのでしょう。

〈尾崎正美〉

🍀 まとめ
・子どもには必ず高まりがあると考え，評価で勇気づける

3章

インクルーシブの
視点を入れた
道徳科授業づくり

ほんの少しの動作化で
気持ちがくみとれる授業をつくろう

授業のポイント

❶授業のねらい・ポイント

　自分の考えや利益のみを優先するのではなく，相手の気持ちや置かれている状況を自分のこととして想像し，相手にとってよかれと思う行為を選択する判断力を身につけるとともに，自ら進んであたたかい心で親切にしようとする実践意欲を育むことをねらいとします。

❷寄り添いたい子どもの姿

　「まだまだ自分のことだけで精一杯」「友達の思いや気持ちをくみとることが苦手」といった子どもは教室内に少なからずいます。ましてや1年生では，うさぎがきつねを気の毒に思い，迷いながらも自分の大切なくりのみを差し出すという行為が，決して容易な判断に基づくものではないことに気づきにくいものです。また，きつねが最後にぽたりと涙を流した場面についても，反省や後悔の涙という捉えはできても，うさぎのあたたかさにふれ，心が動かされた感動の涙であるという理解に至らないことも考えられます。本時では，そういった子どもたちに対して，ほんの少しのポイントを押さえるだけで「できた」「わかった」「なるほど」といった実感が得られるような，簡単な動作化を取り入れることで，うさぎの心から相手を思う親切心や，それを受け取ったきつねの感動の気持ちをより深くくみとれるようにしていきます。

❸本時のインクルーシブな視点

　教材に入る前に本時のテーマを示し，さらにテーマを自分事として考えるための発問をすることで誰ひとり取り残さず，全員が授業に参加できる土台をつくります。

　また，動作化に入る前に，うさぎにとって2つしかないくりのみは大事な食料であるが，それでもきつねを思いやって1つ差し上げたという部分に着目させ，思いやりの難しさを押さえます。そして，簡単な動作化を行うことで，涙のわけを多角的に考えさせたり，あたたかい心で相手をいたわり，互いに助け合っていくことのよさを多面的に理解させたりします。

　動作化を複数回行うことで，自分なりのあたたかい心の表現方法を見つけさせます。

授業の実際

❶導入

　教材に入る前に，本時のテーマである「あたたかい心って，どんな心だろう」について，テーマを自分事とするために，「あたたかい心をもっている人を教えて」と尋ねました。

> ✂ **Point　教材や本時のテーマと実生活を関連づけるための発問をする**
> 　教材に関心がもてない子どもや，教材と本時のテーマを関連づけて考えられない子ども，テーマを自分や普段の生活と結びつけて考えられない子どもがいます。そこではじめに上記のような発問をすることによって，教材とテーマを身近な問題として捉えやすくなり，全員が授業に参加できる土台をつくります。

　実際の授業では，普段の生活を振り返りながら「○○さんが，私がひとりのときに遊ぼうって言ってくれたのであたたかい心をもっていると思いました」や，「○○さんが，ぼくが困っているときに，わからない問題を教えてくれてあたたかいなと感じました」など，たくさんの意見が出ました。中には，「あたたかい心をもっているのは，１年○組のみんなです。みんなといるとほっとするからです」と答えた子どももいて，その場にあたたかい雰囲気が生まれました。続けて「では，今日は『くりのみ』という話を通して，さらにあたたかい心がどんなものか考えて，みんながあたたかい気持ちになれるようにしましょう」と言って教材の範読をしました。

❷展開

> ✂ **Point　ほんの少しの動作化で気持ちがくみとれるようにする**
> 　動作化は，教材を読んでもなかなか登場人物の気持ちをくみとれない子どもや，言葉の奥にある思いや行間を読み取ることが難しい子どもに対してとても有効です。ここでは，子どもにとっても，指導者にとっても取り組みやすいように，以下に示すポイントを３つに絞って誰もが取り組みやすいように工夫しました。

　まず，「それは，お気のどくですね」と言った後の，「うさぎはしばらくかんがえていましたが，やがて，しなびたくりのみをとり出しました」という部分に着目させ，「どうしてしばらく考えていたのでしょうか」と尋ねました。子どもたちからは，「大切なくりのみだから迷っていた」「しなびたくりのみだから，あげていいか悩んだんじゃないか」という意見が聞かれ

ました。ここでうさぎが容易に判断をしてくりのみをあげたわけではないことを押さえました。
（ポイント①）

　次に、「きつねの目から、なみだがおちてきました」という部分に着目させ、「どうして涙が落ちてきたのでしょうか」と尋ねました。子どもたちからは、当初の予想通り、「自分がどんぐりを隠したことを後悔した」や、「うそをついたことを反省した」などの意見が聞かれました。うさぎのあたたかい心にふれて、きつねが我が身を省みたことは理解できたようですが、あたたかさに感動した気持ちに共感するには至っていないと感じ、ここで動作化を試みることにしました。

　最初のセリフを決めておくと動作化に入りやすいと考え、うさぎ役の子どもは「きつねさん、どうでした」と聞き、きつね役の子どもには「だめだめ、なんにも見つかりません」と答えることにさせました。そしてその後、うさぎはくりのみを渡してもよいし、渡さなくてもよいこととしました。一方、きつねは、くりのみを受け取ってもよいし、受け取らなくてもよいこととしました。（ポイント②）

写真①

　動作化は、短時間ですむため、２人を選んで前に出し、演技をさせた後に全員で振り返るという形式を複数回行いました。たくさんの子どもに動作化の機会を与えることで、自信がない子どもでも勇気を出してやってみようという気持ちになると思います。（ポイント③）

　写真①では、くりのみは受け取れないと考えたきつね役の子どもが、実際に動作化をしてみて、受け取った方が自分の心も相手の心もあたたかくなると感じました。

写真②

　写真②では、くりのみを受け取る際に、両手で大切そうに受け取った子どもが、振り返りで「うれしくて、本当に涙が出てきそうだった」と語っていました。

　写真③では、教師と動作化をしたきつね役の子どもが、どんぐりを見つけた場所へ連れていくという動作化をしました。「自分がうそをついていたことがわかっちゃうんじゃない？」と尋ねましたが、「うそをついたままの心ではくりのみは受け取れない」と語りました。うさぎのやさしさにふれて、自分の心まで明るく素直な気持ちになったようでした。

写真③

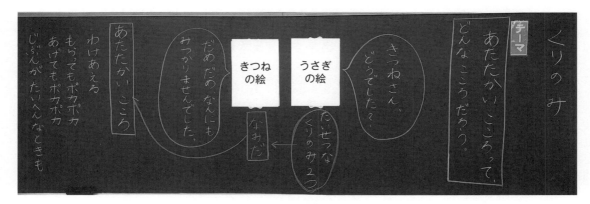
【板書例】

❸終末

　本時のテーマ「あたたかい心って，どんな心だろう」をもとに，振り返りを行いました。子どもたちからは，「あたたかい心は分け合えることがわかりました」や「あたたかい心をあげるともらった方もあげた方も気持ちがポカポカしてくる」「自分が大変なときにも，友達のことを考えてあたたかい心を分けてあげたい」などの意見が聞かれました。

　展開のポイント①で，動作化の前にうさぎの悩む気持ちを押さえたことにより，親切にすることは容易ではないことに気づくことができました。うさぎ役の子どもがしばらく考えてからくりのみを渡したり，決して明るい表情ではなく，葛藤したままの表情でくりのみを渡したりしている場面も実際に見られました。言葉や文字のみでは心情を深く理解することが難しい子どもも，ポイント①と動作化によって決して簡単にくりのみを渡せたわけではなく，迷いながらもそれでも心から相手のことを思って渡したことに気づけたのだと思います。

　さらに，ポイント②を踏まえて動作化を行ったことにより，やさしさやあたたかさを受け取ると，受け取った側の心が洗われるように，素直な気持ちになるということを多くの子どもが実感できました。くりのみを受け取り，涙を流したときの気持ちを言葉で表現することが難しい子どもも，動作化を見たおかげで，心で感じることができたように思います。今までは心があたたまるような話に共感しにくかった子どもが振り返りで「もらった方もあげた方もポカポカしてくる」と言ったことで，教室全体があたたかい雰囲気に包まれました。

　最後に，ポイント③にあるように，動作化を複数回行うことによって，人それぞれ様々なあたたかい心の表現方法が見られました。「こういうときはこうすることが正解」ではなく，自分なりのあたたかい心の表し方を一人ひとりが考えることにつながり，今後の日常生活でも実践していこうという意欲が高められたと感じています。

〈鈴木賢一〉

学習形態の工夫で「全員参加」の授業を行おう

授業のポイント

❶授業のねらい・ポイント

　「はしの上のおおかみ」は，他の動物たちにいじわるをしていばっていたおおかみが，くまとの出会いを通して考えを変え，親切にするよさに気づくお話です。おおかみの心情の変化がわかりやすく，周りの人に親切にするよさを捉えやすいので，1年生の子どもにも考えやすい教材といえます。

　しかし，考えやすい内容ほど，教師は気をつけなければなりません。なぜなら，「周りの人にやさしくすることが大事」ということを，1年生はすでに知っているからです。

　この授業のねらいは，「なぜ周りの人にやさしくした方がよいのか」を捉え直すことです。「おおかみがやさしくなったきっかけ」というわかりやすい部分から，「親切にすること」という道徳的価値に迫っていきたいと思います。

❷寄り添いたい子どもの姿

　学級には，様々な「学びの苦しさ」を感じている子どもがいます。その「学びの苦しさ」を大まかに分けると，以下の6点が挙げられます。
①状況理解に時間がかかる子
②自分の考えがうまく出てこない子
③話す行為自体が苦手な子
④長時間座っていることが難しい子
⑤声かけが必要な子
⑥日本での生活や日本語にまだ慣れていない子

　例を挙げていけば際限がありません。しかし，どんな子も一緒に学習に参加でき，「自分の考えや話を聞いて，考えてくれる人がいる」という感覚を得られることこそ，道徳科授業づくりにおける最大の魅力なのだと考えます。

❸本時のインクルーシブな視点

　「全員参加の道徳学習」を実現するために，意識することが３点あります。

(1)授業の流れが構造化されていること

(2)内容が視覚的にわかり，情報が補完されるような，板書やデジタル教科書の活用

(3)自分の考えを見つける場をつくること

　道徳科の時間は，①道徳的な問題の状況を理解する，②自分の考えをもつ，③自他の考えを出し合い，議論する，④納得解をもつ，の４段階で進めていきます。このうち，低学年の子どもがつまずきやすい点は，①と②ではないでしょうか。「自分の考えをもつ」ということは，特に１年生においては，判断材料が乏しい場合が少なからずあります。その中で，より自分が納得する答えをもつことができるように，子ども同士の関わり方や発表方法を工夫して，全員が参加できる道徳学習を行っていきます。

授業の実際

❶導入

　まず，本時の道徳的価値を先に伝えます。Ａさんは，初めてのことに対して不安感が強く，何をするかわからないと落ちつきません。そこで，事前に配付している「学習の流れ」を確認させます。流れがわかれば安心して話せるので，「やさしくしてあげたことってある？」と問いかけると，

Ａさん「友達が泣いていたときに，大丈夫って言ってあげた」

と，実体験に基づいた話ができました。ここで，周りの子たちに話を広げようと全体を見渡すと，目を伏せるＢさんとＣさんに気づきました。Ｂさんは人前で声を出すことに抵抗があり，泣いてしまうことがあります。Ｃさんは発表したい気持ちはあるのですが，日本語で話すことが難しいので言えません。そこで「Ａさんが言ったようなことはある？」と，「はい」か「いいえ」で答えられる質問を投げかけます。他の人の言葉に対して自分の立場を示すことは身振りでも可能なので，ＢさんもＣさんも，頷きや「はい」などの反応を示してくれました。

> ✂ Point　学習の流れを構造化し，子どもに提示しておく
>
> 　学習の流れが構造化されていると，１時間の見通しがもてるため，子どもは安心して学習に取り組むことができます。
>
> 　学習の流れはプリントに印刷して道徳ファイルやノートに挟んでおき，自分で確認できるようにします。

❷展開

　今日の学習で考えることを確認したら，さっそく話を読んでいきます。

　ここで「うわあ……」とDさんがつぶやきました。Dさんは文章を読むことが苦手で，文字がたくさんあると，どこを読んでいいのかわからなくなってしまいます。そこで，道徳科のデジタル教科書で場面絵を提示し，範読を聞かせます。絵だけなら理解がしやすいDさんは，画面と範読によって「おおかみがいじわるしているのか」と状況を知ることができました。

　話を理解していく過程で，おおかみの態度の変化に子どもたちは気がつき始めます。

教　師：おおかみさんは，いつ変わったのかな？

Ｄさん：くまさんに会ったときに変わったよ。

教　師：どうしておおかみさんは，くまさんに会って変わったのかな？

Ｅさん：えー，わかんないよ……。

　中心発問をした後，自分の考えをもった子どもたちはワークシートに考えをまとめていきますが，Ｅさんは何も書きません。Ｅさんは自分の考えに自信がもてず，何も書けないことに対して「できない」と声に出して落ちつかなくなってしまいます。そこで，「聞きタイム」をとります。

> **✿ Point　考える「きっかけ」としての「聞く活動」を行う**
>
> 　考えを言葉にして書くことができない子は，自分の考えに不安を抱いていたり，どんな考えがあるのか思い浮かばなかったりすることが多いです。話し合いの前段階として「友達に聞いてみる」過程を入れることで，自分の感覚に近い考えを知り，その後の話し合いに参加することへの抵抗感を減らしていきます。

　「聞きタイム」では，歩いて友達に考えを聞きに行ってよいこととします。ずっと座っていることが苦手で集中できなくなっていたＲさんは，「立つ理由」ができたので「今日は遠くの人にしよう」と言って話を聞きに行きます。先ほどのＥさんも，

Ｅさん：ねえ，どうしてだと思う？

Ｆさん：くまさんがやさしくしてくれて，うれしかったからやってみたんじゃないかな。

Ｇさん：やさしくするやり方がわかったんじゃないかな。

Ｅさん：そっか。Ｈ君は？

Ｈさん：ぼくもやり方がわかったんだと思うよ。

　聞きタイムを行うことにより，どんなことを書けばよいのか見通しがもてるので，Ｅさんも自分の考えに近い考えをワークシートに書くことができました。Ｒさんも自分の考えを友達に伝えて歩き，気持ちを整えて自席に戻りました。

　中心発問では役割演技を用いて考えを話し合いました。感染症予防の観点から接触を避ける

必要があったので，今回は持ち上げてあげた後からの場面を設定します。

教　師：おおかみさん，橋を渡らせてあげてみてどうですか？

Ｉさん：持ってあげたら喜んでくれてうれしかった。

教　師：うさぎさん，おおかみさんが渡らせてくれたけど，どんな気持ち？

Ｊさん：なんか前と違っていい人になったね。

教　師：見ているみなさんはどうでした？

Ｋさん：ふたりともうれしそうな顔をしていたよ。

　役割演技をしている人以外の子たちに話を投げかける際，発表した子の意見について手を挙げて意思表示させます。発言が苦手でも自分の意見を反映できるので，全員がそれぞれの発言に対して反応を示すことができます。ＢさんもＣさんも，今度は自分で手を挙げられました。

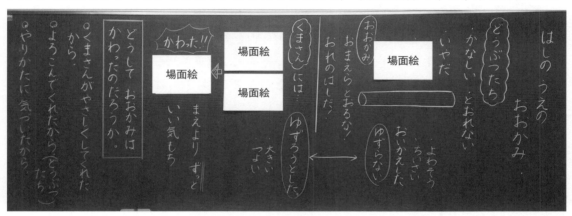

【板書例】

❸終末

　「今日の学習のまとめをしましょう」

　このように投げかけると，「みんなと同じ答え」がほしいＦさんは動きが止まります。そこで「黒板の中から自分が大事だと思ったことを書いてね」と伝えると，Ｆさんは「自分の価値観に近い考え」を選んで書こうとします。写真は，Ｆさんのワークシートです。板書した言葉をもとにして「自分の納得する考え」を書くことができました。

　このように，「友達と話して自分で考えた」という体験の場と工夫を用意することで，「全員参加の授業」づくりに近づいていくのだと考えます。

〈名上友希〉

スケール表を活用して，自分の考えを表そう

授業のポイント

❶授業のねらい・ポイント

　小学校学習指導要領解説　特別の教科　道徳編では，内容項目C－⑿「規則の尊重」の低学年のねらいは「約束やきまりを守り，みんなが使う物を大切にすること」とされています。規則や法は順守されなければいけませんが，マナーや約束は尊重されるものであり，授業を展開する上で，この視点を混同しないようにすることが大切です。教材は，終盤になり2人の男の子が顔を見合わせてベンチを汚してしまったことに気づくところで物語が終わります。男の子たちの様子から，具体的な道徳的価値を考えさせることが中心発問となるでしょう。約束やきまりだけでなく，マナーも守ることでみんなが安心して過ごせることを理解し，道徳的判断力や道徳的実践意欲を育むことを本時のねらいとしていきます。

❷寄り添いたい子どもの姿

　低学年の発達段階では自分自身をメタ認知する力が未発達なため，日常の行動を振り返っても正確な自己評価が難しい子どもがいます。まずは，「今の自分を知る」ことが大切です。学習前に，きまりを守れているかどうかを継続して振り返ることができるようにしてみることで，「毎日きまりを守ることは難しいな」と実感することができます。「自分事」として考えられる学習課題を設定することで，学びの見通しをもたせられるようにしていきます。

❸本時のインクルーシブな視点

　本教材は，道徳の教科化以前から使用され続けてきた定番の教材です。子どもは誰しもが公園で夢中になって遊んだ経験があるはずです。そのような生活上の経験から，登場人物への共感を得やすく，また，文章量も少ないので物語の場面理解もしやすいです。すでに，教材自体がユニバーサル・デザインであると言っても過言ではありません。個々の子どもが「主体的」かつ「対話的」になれるように，マグネットのネームカードを活用した「スケール表」や，実演－観覧の両者が学べる「役割演技」，付箋を活用した「思考の見える化」を取り入れたいと思います。

授業の実際

❶導入

　本教材の内容項目に関連したワークシートを活用します。教師が作成するときは，焦点を絞り，「学校のきまり」を守れているか1週間確認させます。書く活動に苦手さを感じていたり，語彙力が十分ではなかったりする子どももいるため，振り返りの文章量は少なめでもかまいません。1日のがんばりを「できた・ふつう・もう少し」の3つから選べるようにするのも表現が苦手な子どもにとっては支援になります。

　まず，授業のはじめにワークシートの取り組みを振り返らせてから，スケール表にネームカードを貼らせていきます。スケール表というと，よく5段階で数値化されたものを目にしますが，おすすめは，四角の中に斜め線を引く形式のものです。子どもは往々にして「3～4の間はどうしよう……」「1や2だと恥ずかしい……」などと悩みますが，その問題がなくなります。また，道徳的価値の実現が高いほど上になるので，視覚的にも自分の立ち位置がわかりやすくなります。

　次に，ネームカードをなぜその場所に貼ったのか理由を聞いていきます。その際は，道徳的価値の実現が低い子どもから指名していくと「～がまだできなかった」「もっと～した方がよかった」と多様な意見を引き出しやすくなります。一人ひとりの具体的な意見が出たら，ここからは教師が意見を整理していきます。問題点を抽象化させて個々の問いを摺り合わせながら共通学習課題（学習のめあて）を設定する手続きとして「グループ・モデレーション」を行います。

> ✂ **Point　共通課題につなげる多様な工夫を行う**
> 　ワークシートを活用して日常生活の場面を継続的に振り返ります。また，スケール表で「今の姿」を可視化して「共通学習課題」の設定へと導きます。

---

❷展開

　学習課題の設定をしたら，続いて教材の提示です。場面理解を深めるために「読みの視点」を事前に伝えましょう。「登場人物の心情や行動の変化」「登場人物の関係性」「文章中における道徳的価値を探しながら」などに焦点を絞ることでインクルーシブな手立てとなります。低学年の場合は，発問①に直結するようにすると思考の流れもスムーズになるでしょう。

　次に発問です。「多面的・多角的な見方」をするためには，時間軸（～年後，～年前）や空

間軸（公共施設，商業施設，外国など），登場人物の視点を変えること等が有効です。しかし，子どもの実態によっては配慮も必要です。唐突に視点を変化させる発問をすると，思考が混乱する子どもも出てきます。主人公を1人に絞って発問を構成していく「窓口一本化」もときには有効です。目の前にいる子どもの実態をよく把握した上で発問を考えることが大事です。

発問①「2人の男の子は，どのような気持ちで紙ひこうきを飛ばしていますか」

　想像力が豊かな子は答えやすい発問ですが，画用紙で折った紙ひこうきも見せてあげると効果的な支援になります。言葉は目に見えないのでわかりづらいところがありますが，実物を見ると，一層，イメージがわきやすくなります。この発問では，子どもたちの「楽しい」「もっと遠くまで飛ばしたい」という心情が表れます。

発問②〔中心発問〕「2人の男の子が気づいたこととは，何でしょう」

　教材には，「二人は，はっとして，かおを見あわせました」とあります。登場人物が道徳的価値に気づいた瞬間です。この場面を中心発問にします。すると「みんなが使うベンチだから，汚してはいけなかった」「周りの人に迷惑をかけてはいけない」という意見が出てきます。

発問③〔補助発問〕「きまりにないので，ベンチの上に乗ってもいいのではないでしょうか」

　発問①・②だけでは，子どもがすでに知っていることを単に反復しただけの可能性もあります。たしかな価値把握をするために，補助発問で子どもの考えを揺さぶります。公園の掲示板の写真を提示し，「ベンチの上に乗ってはいけない」というきまりがないことに注目させます。子どもの認識がズレるとき，新たな問いが生じます。「規則」と「マナー」の違いを捉えさせましょう。

発問④「2人の男の子にアドバイスをしてあげましょう」

　ベンチから紙ひこうきを飛ばしている男の子へのアドバイスを付箋に書く活動です。付箋の特性上，文章量が少なくなるという欠点はありますが，模造紙に貼りつけることで学習後の掲示物として活用でき，共有化した子どもたちの考えを記録として残すことができます。子どもたちの意見に耳を傾け，学習課題の解決を探りましょう。（黒板のスペースがたりないときは，あらかじめ，キャスターつきのホワイトボードを準備しておくとよいです）

> ✄ Point　思考しやすい工夫を行う
> 　「読みの視点」で焦点を絞り，場面理解を深めます。「模造紙」と「付箋」で思考の見える化をして，学習後の掲示物に！

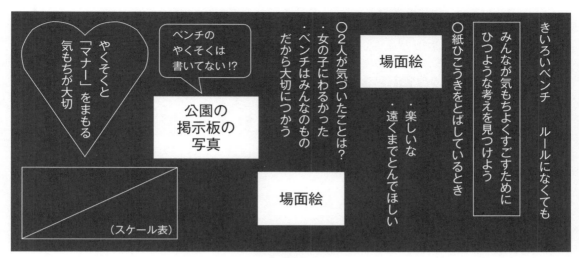

【板書例】

❸終末

　終末は１単位時間の学習の整理やまとめ，道徳的価値の実践意欲の向上が目的です。そこで，展開で用いられることの多い「役割演技」を，あえて終末で行うことを提案します。

　教師が「あそこのベンチに乗って紙ひこうきを飛ばそうよ」と，子どもに問いかけます。役割演技は，動きがあり視覚化されるため，子どもたちの興味を惹きつけます。また，即興性があるため，子どもの考えが如実に表れます。演技中は，演者だけではなく見ている子どもの様子にも注目してください。頷いている姿や，疑問に感じて首をかしげている姿，つぶやいている姿，拍手で友達を称えている姿などを，ぜひ見取ってあげてほしいと思います。お面をつくる際，頭につけるタイプのものだと，締めつけられることが苦手な子ども（感覚過敏）も存在しますので，そのような場合は，首から下げられるメダル型にするとよいです。

　最後に，導入で使用したスケール表に立ち戻ります。「これからもルールやマナーを守りながら過ごせそうか」という視点で子どもたちにネームカードを移動させます。授業の前後を比較することで，子ども自身の考えがどのように変容したのかを振り返らせ，「自己を見つめる」時間にしていきましょう。

〈吉野剛史〉

【参考文献】

・田沼茂紀　編著『道徳科重要用語事典』明治図書　2020

・富岡栄　著『道徳科授業づくりと評価の20講義』明治図書　2018

・大阪　小学校道徳教育研究会　著『こうすればできる道徳の学習』東洋館出版社　1998

書く活動と役割演技で
メリハリのある授業展開にしよう

授業のポイント

❶授業のねらい・ポイント

　本時のねらいは，「あいさつをした方がいいということに気づいた王さまの姿を通して，あいさつが自分の心もみんなの心も明るくすること，また，心のこもった明るいあいさつには相手の心を幸せにする力があることに気づき，いろいろな人に心のこもったあいさつをして幸せを届けようとする実践意欲と態度を育てる」です。

　2年生の子どもたちは，あいさつがなぜ大事なのか，どんなあいさつがよいあいさつなのかということなどについては，あまり意識していないことも多いようです。また，その実践は個人差が大きく，気持ちよさを感じている子どももいれば感じていない子どももいます。そこで，子どもたち全員があいさつのよさを実感できるようにしたいと考えました。

❷寄り添いたい子どもの姿

　本教材は，物語であり登場人物も楽しく描かれており，子どもにとって楽しく学べる教材です。しかし，せっかく楽しい教材でも，45分間集中して学ぶことが難しかったり，登場人物の気持ちを想像するのが苦手だったりする子どももいます。

　そこで，すべての子どもが45分間，様々な活動の工夫の中で集中力を切らさないようにしたり，実感を伴って登場人物の気持ちを想像したりできるようにする工夫が必要だと考えました。

❸本時のインクルーシブな視点

　展開の中に役割演技を取り入れ，実感を引き出しながら楽しく学べる工夫を取り入れていきます。基本的には役割演技は即興のよさを生かしたいものですが，子どもたちの中には気持ちを想像することが苦手な子どももいます。そこで，役割演技の前に，一人ひとりがワークシートに書く活動を取り入れ，困っている子どもにはそこで個別の支援を行います。そうすることで，全員が自分の考えをもって安心して役割演技に参加することができるとともに，メリハリのある授業展開の中で集中力を途切れさせることなく楽しく学ぶことができます。

授業の実際

❶導入

　はじめに，あいさつにはどのようなものがあるか出し合います。「おはようございます」「こんにちは」「いってきます」「ただいま」「さようなら」「いただきます」「ごちそうさま」など，子どもたちは日常生活を振り返りいろいろなあいさつがあることに気づいていきます。その後，毎日のあいさつの多さに目を向け，「そんなにたくさんのあいさつ，毎日大変だね。あいさつっているのかなあ？」とあいさつの必要性について子どもたちに問いかけます。子どもたちは，ちょっと立ち止まって考えながらも「いる！」と答えます。そこであいさつが毎日の生活に必要なものだということを確認した上で，「あいさつには，どんな力があるのかな」と，投げかけていきます。

❷展開

　まず，教材を読んでいきます。このときに，教材の理解が難しい子どももお話の世界にしっかりと入っていけるように，場面絵とポイントとなるセリフをパワーポイントで電子黒板に映し出しながら，教師が読み聞かせをしていきます。

　その後，「あいさつができないとどんな気持ちになるのかな。やってみましょう！」と投げかけ，王さまがあいさつを禁止してしまったときの様子を動作化します。ここでは，王さまと家来がすれ違っても，家来が何も言わず通りすぎる様子を数人の子どもに演じてもらいながら，感じたことをみんなで出し合っていきます。このことで，動作化を行った家来役の子どもはもちろんのこと，見ていた周りの子どもも，あいさつができなくなったことで，みんなが暗く寂しい気持ちになることを実感することができます。

　さらに，ついうっかりあいさつをしてしまった王さまの気持ちを考えていきます。ここではワークシート（右図）を活用し，まず一人ひとりが王さまや家来の気持ちを考える時間をとります。このときに，教師は子どもの様子を見取り，思いつかない様子の子どもには「あいさつをしなかったときと比べてどうかな？」など個別に声をかけ支援します。ふきだしを2つ用意しておくことで早くできた子どもは2つ目を書くなど個人差にも対応することができます。

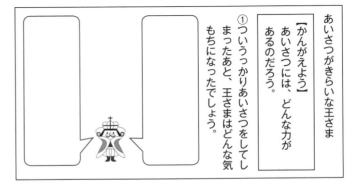

①ついうっかりあいさつをしてしまったあと，王さまはどんな気もちになったでしょう。

【かんがえよう】
あいさつには，どんな力があるのだろう。

あいさつがきらいな王さま

　全員がワークシートに書けたことを確認した上で，「ついうっかりあいさつをしてしまった王さまと家来はどんな気持ちになったでしょう。やってみましょう」と声をかけ，役割演技に入ります。まず，代表の子ども（王さま1人，家来2人ほど）に前へ出てもらい，王さまがついうっかりあいさつをしてしまうところ（王さまと家来が出会う→王さま役の子どもが「おはよう」と言う）を演じます。その後，教師がインタビュアー役となり次のようなやりとりをしながら，気持ちを引き出していきます。

教　師：王さま，あいさつは禁止だったのではないですか？

王さま：つい，あいさつをしたくなってしまった。

教　師：今，どんな気持ちですか？

王さま：とても気持ちがいい。楽しくなってきた。

教　師：家来のみなさん，今，王さまがあいさつをされましたよ。どんな気持ちですか？

家　来：びっくりしましたが，とても気持ちがいいです。心が明るくなりました。

教　師：王さま，家来も気持ちがよかったそうですよ。

王さま：それはよかった。

といった感じで，即興的にインタビューを繰り返しながら，気持ちを引き出していきます。またここで，「でも，王さまはあいさつが嫌いだったのではないですか？」「あいさつが返ってくるとうるさくないですか？」「面倒ではないですか？」など教師が王さま役の子どもに問い返しを行います。このことで，子どもは「でも，やっぱりあいさつをした方が気持ちがよかった」「あいさつをしないと国が暗くなってしまう」など，さらに深く王さまの気持ちを考えながら，あいさつのもつ力に気づいていきます。

　またここで，役割演技を見ていた子どもたちにも「それを見ていた家来たち」という設定で，インタビューをしていき全員参加を促します。

教　師：王さまがあいさつをしましたが，見ていてどうでしたか？

子ども：王さまがあいさつをしたことで，家来も気持ちよくなったのがよかったです。

子ども：みんなが笑顔になっていたのがよかったと思います。

教　師：あいさつがあるのとないのとではどちらがいいですか？

子ども：笑顔も増えたので，やっぱりあいさつがあった方がいいです。

　このように，役割演技を見ていて感じたことを発表し合います。こうすることで，すべての子どもが役割演技に参加している一員として考えを深めていくことができます。また，役割演技をするときは，お面などを準備するとより臨場感が増すとともに，状況の理解が難しい子ど

もも，誰が何の役をしているかがよくわかり，理解しやすくなります。

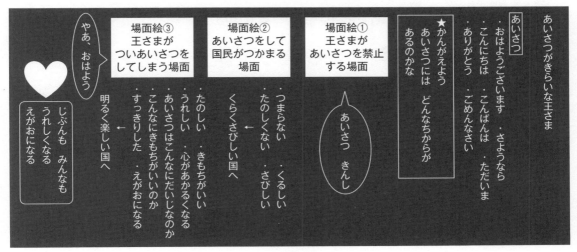

【板書例】

　その後，導入で提示した「あいさつには，どんな力があるのかな」という問いに対し，子どもが考えた言葉をもとに「自分もみんなもうれしくなる力がある」「国もみんなも王さまも……みんなが笑顔になる」などと，整理していきます。

　展開の最後に，ワークシート（右図）で，これまでの自分を振り返っていきます。「これまでの自分は，気持ちのよいあいさつができていましたか」という問いに対し，「家族には？」「友達には？」「先生方には？」「地域の方には？」と対象を分けて考えていくようにします。このときに〔◎：いつもできている，○：まあまあ，△：あまり，×：まったく〕という観点で，それぞれ自己評価を行い，その後，今日の学習を通して思ったことを文章で書くようにします。そうすることで，すべての子どもが，自分自身のこれまでの様子をもとに，これからなりたい自分について具体的に考えていくことができやすくなります。

❸終末

　終末では，教師から見て子どもたちが実際にがんばっている場面のことを話したり，「子どもたちのあいさつに元気をもらっている」と言ってくださった地域の方々の言葉を紹介したりして，「あいさつをしてよかったな」といううれしい気持ちを強めていきます。それにより，子どもたち一人ひとりにあらためて，自分の何気ないあいさつが相手に大きな影響を与えていることに気づかせ，これからもがんばっていきたいという気持ちを高められるようにします。

〈福田衣都子〉

内容項目：A－(3)節度，節制

教材「ロバを売りに行く親子」出典：教育出版

可視化と確認で共に学び合う授業を行おう

授業のポイント

❶授業のねらい・ポイント

　本時のねらいは，「ロバを売りに行く親子はどうすればよかったのかを考えることを通して，自分の考えをもつ大切さに気づき，よく考えて行動しようとする道徳的実践意欲と態度を育てる」です。本教材のポイントは，周りの意見ばかりに左右されてしまう親子の姿から，道徳的問題を見出し，どうすればよかったのかについて考えていくことです。そうすることで，子どもたちがよく考えて行動するとはどういうことなのかについて主体的に考えを深めていくことが期待できます。

❷寄り添いたい子どもの姿

　友達の考えを聞いていない，教科書の違うページに目がいってしまう。このように，授業に主体的に参加しにくい子どもがいるのは，想像に難くないのではないでしょうか？　では，なぜそのような学習態度に至っているのでしょう。その一因として，学習していることが明確になっていないことが考えられます。つまり，このような子どもは何について話をしているかが明確になることで，授業に参加しやすくなる傾向があります。

❸本時のインクルーシブな視点

　本時のインクルーシブな視点は，「誰にとっても学習内容が明確になる」という視点です。そのために，「板書による学習内容の可視化」「問い返しによる学習内容の確認」という手立てを講じていきます。

　「板書による学習内容の可視化」の具体は，イラストでの状況説明，ナンバリングといった手立てです。

　「問い返しによる学習内容の確認」の具体は，○○さんの意見を教師が繰り返して確認する，○○さんの意見について全体に共有するといった手立てです。

　これらを場面に応じて行うことで，共に学び合う授業の実現へと向かっていきます。

授業の実際

❶導入

　導入では，まず「休み時間が終わろうとしています。そのとき，同じクラスの友達が休み時間が10分のびたらしいよと言ってきました。あなたは，遊びますか？　遊びませんか？」と問います。すると子どもたちは，遊ばない立場，遊ぶ立場，中間の立場の３つの立場に分かれました。そして，遊ばない立場の理由は「本当かわからないから」，遊ぶ立場の理由は「友達はうそをつかないから」，中間の立場の理由は「先生に尋ねないとわからないから」といったものでした。

> ✂ Point　簡単なイラストで状況を可視化する
> 　友達が休み時間が10分のびたと言ってくる状況について，イラストを交えて説明することで，状況理解を深めます。
> 　また，それぞれの立場がわかるよう，比較できる構造で板書していきます。そうすることで，何について考えているのかを明確にすることができます。

　そこで，「３つの立場が出てきたけれど，よく考えて行動しているのはどの立場？」と問いました。子どもたちは口々に，「中間の立場かな」「遊ばない立場だよ」などとつぶやきます。それらを聞いた上で「よく考えて行動しようと言われることがあるけれど，具体的によく考えて行動するってどういうことなの？」と本時のテーマを示しました。

❷展開

　範読後，教材内容を確認します。「何してた？」「誰に出会った？」「その結果どうしたの？」といったように，６つの場面絵をもとに教材の内容を確認していきます。そうすることで，どの子も，場面を把握することができ，その後の話し合いに参加しやすくなります。

　教材内容を確認した後は，「どうしてロバを川に落とすようなことになってしまったのか」について自分の考えをノートにまとめます。考えがまとまったら，全体で交流します。子どもたちからは，「人に言われたことを聞きすぎたから」「自分の考えをころころ変えすぎてしまったから」「自分で考えようとしなかったから」などの発言がありました。そこで，「みんなはどの場面の方法が一番よかったと思う？　自分だったらどの方法でする？」と問いました。すると，最初のロバをつれて歩いている場面が大多数を占めました。その理由は，「一番ロバがかわいそうじゃないから」というものでした。そして，親子が２人でロバに乗っている場面とロバを担いでいる場面については，「あかん！」という声が子どもたちから上がっていました。

　例えば，Ａさんが「○○だと思います」と意見を述べたら，教師が「○○ということだね」と確認します。これにより，Ａさんの意見が正しく全体へと伝わります。そうした上で，全体に「Ａさんの気持ちわかりますか？」と問い返します。そうすることで，Ａさんの意見に対する自分の考えをもつと同時に，１人の意見を全体で共有することができます。このような手立てを講じることで，今，何について話しているのかが明確になり，どの子どもも学習に参加しやすくなります。

　子どもたちが，自分ならどうするかといった考えをもてたところで，「どうしてこの親子は，こんなにも人の意見を聞いて賛成してしまったんだろうね」と問いました。すると子どもたちは「たしかに，なんでだろう」とつぶやいていました。そこで，グループで話し合う時間を設定しました。グループで話し合った後に，全体で交流します。全体交流では，「ロバを売りに行くことしか考えていないから」「嫌な人だと思われたくないから」「人のことを信じているから」「自分の意見をもっていないから」「自分たちがやっていることはだめなのかなと思ったから」といった多面的・多角的な意見が出てきました。これらの考えをナンバリングして，一番近い考えはどれかを聞きました。そうすることで，授業に主体的に参加しにくい子どもも，板書に目を向け，今の自分の考えを再認識することができていました。

　意見をナンバリングすることで，どのような意見がどれだけ出ているかを可視化できます。それにより，自分の意見はどれに近いかを考えやすくなります。

　「どうしてこの親子は，こんなにも人の意見を聞いて賛成してしまったのか」についての意見をもてたところで，「親子はどうすればよかったのでしょう」と問いました。これは，どうして親子が人の意見に流されてしまったのかといった本質知について考えることにより，どうすればよかったかといった方法知についての考えを深めていく意図があります。
　子どもたちは，「自分の考えを最後まで貫き通す」「自分の意見をはっきり言えばよい」「おかしいと思ったら直す」「本当によいかを考える」といった考えをもちました。そこで，「親子はよく考えて行動しているといえるの？」と問うと，口々に「ただ，人の意見を聞いただけ」

とつぶやいていました。続けて、「じゃあ、よく考えて行動するとはどういうことなの？」と問いました。すると子どもたちからは「自分の意見を信じる」「自分の思ったことをそのままやる」という意見が出てきました。加えて、「自分の意見を信じて、思ったことをやるのはいいけれど、それが自分勝手なものではだめだと思う」といった意見も出されました。

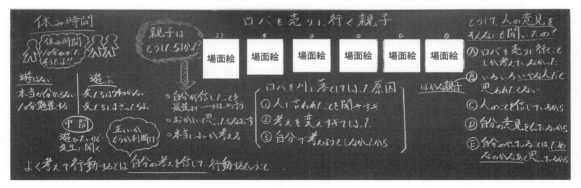

【板書例】

❸終末

終末では、本時の学びについて、それぞれがまとめていきました。学習内容が明確な授業展開により、授業に主体的に参加しにくい子どもも含め、全員が本時の学びについてまとめることができました。ここでは、「自分の考えをつくっていくことの大切さを感じた」「人の意見に流されてばかりではだめだなあと感じた」「人の意見を聞くのと同時に、自分で考えることも大切」などのまとめが出てきました。そして、授業の最後に子どもたちは、本時で考えたことについて「よく考えて行動するとは、正しいかどうか判断して、自分の考えを信じて行動すること」といった言葉で明確に表し、全員で共有していました。

このように、「誰にとっても学習内容が明確になる」というインクルーシブな視点をもち、手立てを講じていくことで、共に学び合う授業となります。本実践では、授業に主体的に参加しにくい子どもに対し、学習内容が明確になる手立てを講じることで、本時の学びを自分なりにまとめるところまで至ることができました。そして、その手立ての具体として、「板書による学習内容の可視化」「問い返しによる学習内容の確認」を示してきました。このような手立てを講じる際には、手段と目的とがすりかわってしまわないよう留意する必要があります。あくまでも手立てを講じることは手段であり、目的は共に学び合う授業の実現です。

〈門脇大輔〉

【参考文献】

・赤堀博行　監修『これからの道徳教育と「道徳科」の展望』東洋館出版社　2016

場面絵や人物絵で道徳的場面の理解を支援しよう

授業のポイント

❶授業のねらい・ポイント

　法やきまりの多くは，個人や集団が安全にかつ安心して生活できるようにするためにあり，子どもが社会の法やきまりのもつ意義について考えることを通して，それらを進んで守り，自他の権利を尊重するとともに義務を果たすという精神をしっかりと身につける必要があります。

　しかし，中学年では一人ひとりの子どもが身近な生活の中で法やきまりと公共物や公共の場所との関わりについて考えることは多くありません。法やきまりは公共物や公共の場所との関わりにおいて，特にその役割が明確になることを考えれば，そのような公共物や公共の場所にまつわる道徳的場面での法やきまりの意義について，子どもが考えを巡らす機会は重要です。

　「心の優先席」（『小学どうとく　ゆたかな心3』光文書院）という読み物教材では，日曜日の夕方，混み合った電車に乗った主人公の「わたし」が，腰の曲がったおばあさんが乗ってくるのを見かけます。手すりにつかまって立つおばあさんの姿を見て，「わたし」の近くに立っていた小学生らしい3人の女の子が，①優先席に座っている人がおばあさんに席をゆずるべきだ，②近くに座っている人がゆずってあげるのがいい，③ゆずりたい人がゆずるのがいい，とそれぞれに意見を話しているのを「わたし」は聞きます。それを聞いて，「わたし」はどうしたらよいか考え込みます。

　3人の意見はそれぞれに理由があり，正解があるわけではありません。しかし，それぞれの立場に立って考えを交流することで，きまりを尊重すること，相手の立場に立って考えること，相手を思いやることの大切さに気づくことができる教材です。本授業では，法やきまりは他者への気づかいに支えられてこそ，血の通ったものとなることを子どもに気づかせたいと考えます。

❷寄り添いたい子どもの姿

　公共物や公共の場所との関わりでの法やきまりについての理解や判断をするためには，子どもが道徳的な場面前後の文脈や具体的な状況，関係者の立場を理解することが必要になります。

　しかし，実際に文章を読むだけでは，時系列ごとに出来事を整理したり，関係者がどのよう

に空間に位置づけられているかを把握したりすることが困難な子も少なくありません。

　また，法やきまりに関わる道徳的場面において，授業に参加する子ども全員が，そのきまりはどのような他者への配慮が前提となっているかを共通理解していなければ，なぜそのような行動が必要となるのか，といった行為の動機がわからず，そもそもの道徳的価値の理解や道徳的判断の必然性がもたらされません。

　さらに，道徳的な判断をいくつかの立場に分かれて議論するときには，自分の立場を理由づけて友達の前で話すことに抵抗がある子もいます。

　こうした子たちが，その子なりに学習に参加できるようにするために，授業では具体的な手立てが必要となります。

❸本時のインクルーシブな視点

　読み物教材「心の優先席」での道徳的場面の文脈や状況を理解しやすくするためには，時系列に沿って出来事を視覚的に把握できるよう板書を構成していくことが有効です。場面絵や人物絵を用意して，物語に沿って板書上に位置づけて，道徳的場面の文脈や状況の理解を支援します。

　また，子どもが道徳的な判断をするには，登場人物の心情の理解が前提となります。他者の立場に立って気持ちを想像したり，理解したりすることが難しい子のために，例えば，話し合いで明らかになった登場人物の気持ちや考えは，ふきだしにして黒板に提示することで，そうした子たちの道徳的場面の文脈や状況の理解を助けることができます。

　読み物教材「心の優先席」では，3つの立場に立って話し合いをしますが，発表することに抵抗のある子については無理に発表させることはせず，自分の考えに一番近い立場のところにネームカードを貼ってもらう，または，その子の立場を聞き取って教師が貼ってあげるとよいと思います。その子なりに自分の考えを表現したことを認めてあげたいものです。

授業の実際

❶導入

　導入で電車の「優先席」のマークを子どもに提示します。「優先席」のマークがどのようなきまりなのか，子どもたちが知っていることを発表させ，教師が補足して「優先席」の意味を全体に共通理解させます。

　その後に電車の「優先席」のような「きまりはどうしてあるのかな」と問いかけ，「心の優

先席」という読み物教材での学習を通して解決すべき課題として示します。本時の問いを示すことで、子どもが1時間の学習で解決すべき課題とゴールの見通しをもてるようにします。

❷展開

物語の舞台となる電車内の場面絵を掲示し、あらすじを確認しながら登場する人物の絵を位置づけていきます。黒板に順に掲示していくことで、「優先席」と「おばあさん」の位置、電車内の様子を一目で把握できるようにします。さらに3人の女の子のそれぞれの意見も短冊にして電車の場面絵と関連づけながら掲示していくことで、道徳的場面の文脈や登場人物の位置関係など、状況の理解を支援します。

また、なぜ、3人の女の子が「誰かがおばあさんに席をゆずるべきだ」と考えたかを子どもと確認し、黒板にふきだしとして示しておくことで、道徳的判断の必要性の前提である「おばあさんへの気づかい」の存在に気づかせます。その帰結として「おばあさんに席をゆずる」必要があることをその子が理解できなければ、3人の立場のいずれにも共感することができません。

> ✂ **Point　絵やふきだしなどを使って道徳的場面の状況理解を支援する**
>
> 　文章だけでは、道徳的場面の文脈や登場人物の位置関係などの状況を十分に理解することが難しい子どものために、あらすじを確認しながら、場面絵と人物絵を黒板に配置していき、視覚的に状況の理解を支援します。道徳的場面を視覚化した1枚の場面絵が視覚優位の子どもの道徳的判断の助けとなります。
>
> 　また、登場人物の立場に立って心情を想像することが難しい子どものために、明らかになった登場人物の心情や思いを人物絵にふきだしとして黒板に示しておくことも有効です。

自分の考えに一番近い、3人の小学生の女の子のそれぞれの立場について話し合いをすることが本時の中心的な活動になります。それぞれの立場についてどうしてそうするのがよいかを話し合わせ、自分と違う意見と出会わせることで、「お年寄りに電車の席をゆずる」という道徳的な行為を多面的・多角的に見つめることができるようにします。

友達の前で自分の意見を発表することに抵抗を感じる子については無理に発表させることはせず、自分の考えに一番近い立場にネームカードを貼ってもらう、または、その子の立場を聞き取って教師が貼ってあげるとよいと思います。その子なりに自分の考えを表現したことを認めてあげます。

3人の小学生の女の子のそれぞれの立場には、①優先席に座っている人がおばあさんに席をゆずるべきだ、②近くに座っている人がゆずってあげるのがいい、③ゆずりたい人がゆずるのがいい、の3つがあります。①の意見については、きまりとして「優先席」が「おばあさん」

のような人のための席であるから，②の意見については，「おばあさん」にとっては近くの席の方が楽だし，安全だからといった理由があり，それらは子どもにとって理解しやすいものです。しかし，③の意見については，文章中に「おばあさんだって，そのほうがうれしいんじゃないかな」という記述があり，子どもによってはその記述からその立場を選択する子もいます。ところが，子どもの中には，なぜ「ゆずりたい人がゆずる」という選択が，「おばあさん」にとってうれしいのか理解できない子もいます。そこで，話し合いをまとめる段階では，①②③の立場の人がゆずる理由を整理する必要があります。①の人がゆずるのは「優先席」に座っていたから，②の人がゆずるのは「おばあさん」の近くに座っていたから，③の人がゆずるのは「おばあさんに席をゆずってあげたいから」ということを子どもと確認すると，③の人だけが無条件に「おばあさん」のために席をゆずっていることが理解できます。③の立場を丁寧に子どもと確認すると，きまりの前提となる「他者への気づかい」の大切さを浮かび上がらせることができます。

　ただし，読み物教材「心の優先席」での話し合いでは，それぞれの意見の優劣をつけることよりも，子どもが自分と違う立場の意見を理解することが大切です。子どもが「電車でおばあさんに席をゆずる」という道徳的な行為を多面的・多角的に捉えることこそが重要なのです。

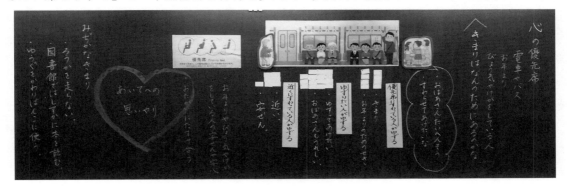

【板書例】

❸終末

　終末では，電車の「優先席」がお年寄りや体の不自由な人のような「他者への気づかい」を前提としていることについての気づきをもとに，身近にあるきまりについて振り返らせます。自分たちの身の回りにあるきまりが同様に「他者への気づかい」に基づいていることを発見していくことで，子どもが身の回りにある法やきまりを大切にしていこうとする心情を高められるようにします。そして，そのような思いを子ども一人ひとりがあたためられるよう，きまりは何のためにあるのか，という本時の課題について学習を通して得た自分なりの考えを道徳ノートに書かせます。何人かの子に発表してもらうのもよいのですが，どのように答えればよいのかわからない子どものために，一定時間，教室内で道徳ノートを見合う時間をとるのもよいと思います。

〈中橋和昭〉

誰もが安心して参加できる授業づくりをしよう

授業のポイント

❶授業のねらい・ポイント

　中学年は，善悪についての判断力も高まってくる反面，正しいことと知りつつも自分の弱さに負けてしまう時期でもあります。自分の損得を考えた結果，自分の都合のよいように言い訳し，自分勝手な行動をとる場合も少なくないでしょう。

　子どもたちは低学年のときよりも行動範囲が広がり，学校や社会の人々との関わりも活発になってきます。また，相手の立場が理解できるようになるとともに，自分自身の心と向き合い，自分で考え，判断し，行動するたくましさも育ってきています。この学習を通して，正直で誠実な行動をすることによって周りの人だけでなく自分自身も快適に過ごすことができることに気づき，明るい心で元気よく生活しようとする態度を養っていきたいと考えます。

❷寄り添いたい子どもの姿

　正直に言いにくい，うそを言ったりごまかしたりしてしまうといったことは多くの子どもが経験していることでしょう。しかし，個々の経験した状況は人によって違い，その経験と本教材を結びつけて考えることや，この学習で得た共通解を自分の経験と照らし合わせて「納得解」に落とし込むことが難しい子どもは少なくないと考えます。そのような子どもに，本教材を共感的に考えさせることで，自分の生活とつなげることができるようにしたいと考えました。

❸本時のインクルーシブな視点

　ICT 機器を活用し，匿名でアンケートをとることで，正直に言いづらい経験は多くの人にあるということを可視化し，安心して発言することができるような雰囲気を導入時につくります。また，場面把握をしっかりすることで主人公の心情の変化をしっかり捉えることができるよう，一目で教材の内容がわかるような板書の仕方を工夫します。主人公の心情に共感的に迫ることができるよう，役割演技を取り入れ，自分の生活につなげられるようにします。

授業の実際

❶導入

発問「今までで正直に言いづらかったことはどんなことですか」

> ✂ **Point　端末を使ってアンケートをとる**
> 瞬時にアンケートを授業に生かし，安心して発言できる場をつくります。

　１人１台端末が使えるようになりました。アンケートをとって集計するのもあっという間，そしてそれを子どもたちに提示するのもあっという間です。限られた時間の中で子ども全員の意見が反映できる，発言することに抵抗がある子でも「参加している」と感じることができる，とても有効なツールであると思います。特に，自分自身のネガティブな情報をクラス全体の前でさらけ出すことには，「どう思われるだろう」「悪く思われたら嫌だな」と抵抗を感じる子どもも当然いるでしょう。学級経営で，日頃から何を言っても否定されない，受け止めてもらえるという雰囲気づくりをすることはもちろん必要なことですが，「みんなもそうなんだ」という安心感があることで「わかるわかる，私もね……」と話し出すことができる子どももいるかもしれないと考えました。

　アンケートの項目は，
①今までに「正直に言いづらいな…」と思ったけいけんはありますか
②正直に言いづらかったのはだれにですか
の２点です。文字を打つことに難しさを感じる子どももいるため，記述式ではなくどちらも選択式にしました。アンケートをとった後に導入の発問をし，いくつか具体的に聞いた後で，「友達の発表を聞いて思い出した人は，アンケートの答えをつけ加えたり変えたりしてもいいよ」と言ってみると，またさらに正直に言いづらかった経験があると答えた子が増えました。

　それを全体に提示し，「たくさんの人が，正直に言いづらいなと思った経験があるんですね。今日は，正直な心で過ごすことについて考えてみましょう」と言って，めあてを提示します。

めあて「正直な心で過ごすことについて考えよう」

　めあては毎時間提示しています。全体で共通解を見つけようと話し合うときにどんなことを考えればよいのかわからなくなったり思考がずれてしまったりしても，めあてに戻ることで，みんなで同じゴールを目指して話し合うことができます。

❷展開

　指導者が教材を範読するときには，教科書の文字を目で追わせるのではなく，テレビ画面に場面絵を映して大型絵本の読み聞かせのようにします。場面絵に注目して，大まかな話の流れをつかめるようにするためです。

> ✂ **Point　板書を工夫する**
> **話の流れが一目でわかる板書づくりで，教材の内容や授業の流れをわかりやすくします。**

　範読が終わった後は，子どもたちと一緒にお話をもう一度振り返りながら，時系列順に場面絵を貼り，板書をつくっていきます。大事な言葉はフラッシュカードにして，場面絵とともに貼ります。板書を見るだけで，話の流れが一目でわかるようにすると，教材の内容理解の助けになるとともに，今どの場面について話しているのかがわかりやすくなります。板書全体で1つのストーリーになるように，場面絵は必要に応じて大きくしたり，トリミングしたり，反転させたりします。場面絵の表情は登場人物の心情を考えるときの大きな助けになります。また，登場人物の絵に名前を書いておくと，「この人の名前なんだっけ？」「間違うと恥ずかしいから発表できないな」という子を減らすことができます。

発問①「おばちゃんからのおつりがたりないことに気づいたたけしはどう思ったのでしょう」

　子どもたちからは「大変！　大事なおこづかいなのに」「すぐに返してもらわないと」「確かめてよかった」という意見が出ました。ここでは，ふたりの大切なおこづかいであり，50円は見逃せない貴重なものだ，ということを押さえます。

発問②「たこ焼きを食べながら，たけしはどんなことを考えていたのでしょう」

　正直に返しに行った方がいいことはわかっているけれど，別に言わなくてもいいのでは……と，迷っているたけし。どちらの気持ちもあることに気づいてほしいので，ピンクと水色の2つのふきだしを画用紙でつくって，場面絵に貼りました。ピンクはあたたかい感じ，水色は冷たい感じ……という色のイメージで，相反する2つの感情があることを捉える助けになると考えます。

発問③【中心発問】「たけしが50円を返そうと決心したのはなぜでしょう」

　ずるい気持ちや「怒られたくない」と考えた弱い自分に打ち勝って，正直で誠実な行動をすることができたたけしの気持ちを一人ひとりがしっかり考えられるよう，ワークシートに記入する時間をとります。全体交流の場で「すぐ返さなかったから怒られるかもしれないよ」「おっちゃんは気づいていないかもしれないよ」などと問いかけることで，より意見が深まります。

発問④【役割演技】「ふたりはどんなことを話しながら帰ったのでしょう」

　正直に言えた後の明るくすっきりした気持ちに共感することができるように，役割演技を取り入れます。挿絵をお面にしたり，「正直」50円分のたこ焼きを持たせたりすることで，役になりきって演技をすることができます。悩みながら食べているときの場面絵の表情と「正直」50円分のたこ焼きを食べているときの表情に注目してから演技することで，すっきりしたふたりの心情を追体験できるようにします。

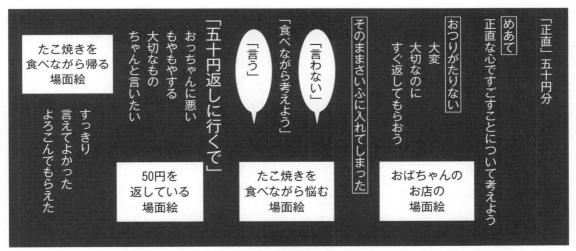

【板書例】

❸終末

　「正直な心で過ごすことについて考えたことを書きましょう」と言って，ワークシートに自分の考えをまとめます。その際に，導入のアンケートや，導入の際に出た具体例を振り返り，自分たちの生活とお話を結びつけられるようにします。ワークシートに書きにくい子には，「板書を見て，この考え方すてきだなと感じるものを書いてみよう」と声をかけるとよいでしょう。

〈酒井理恵〉

教材提示の工夫で
誰もが自分事として考える授業を行おう

授業のポイント

❶授業のねらい・ポイント

　本教材は，多くの教科書に掲載されている有名教材です。「ギャングエイジ」と呼ばれる中学年において，「友情，信頼」の内容項目では，友達のことを理解し，よりよい関係の構築について考え，互いに助け合うことの大切さに気づかせることをねらいます。本授業では，もう一歩踏み込み，「本当の友達なら料金がたりなかったことを伝えた方がいいのか」という葛藤場面を設定し，自分ならどうするかを考えさせることを通して，相手を傷つけず納得するように伝えることの大切さに気づかせ，実践していこうとする意欲を育てることを目指します。

❷寄り添いたい子どもの姿

　休み時間は，元気よく友達と遊ぶＡさん。自己主張が強く，友達といざこざを起こすこともしばしばです。音読が苦手で，すらすら読むことができません。もちろん，道徳の教科書を自力で読み，理解することが難しい子どもです。導入時に「わからない」と思ってしまうと，その後，授業に取り組まなくなってしまいます。仮に自分の考えがもてたとしても，その考えに固執し，友達の考えを聞き入れ，再考することはほとんどありません。

❸本時のインクルーシブな視点

　Ａさんが道徳科の授業に参加し，道徳的諸問題について自分なりの考えをもち，さらに友達の考えを聞いて再考することができるように配慮した視点が２点あります。1点目は，教師が作成したプレゼン資料を用いて教材を範読することです。場面絵を中心にして文字を補助的に配置します。視覚と聴覚から情報が伝わるので教材の内容が理解しやすくなります。2点目は，班活動における人的配置と「心情スケール」の活用です。Ａさんの考えを肯定的に受け止める子どもと同じ班にします。「心情スケール」を活用し，自分の立ち位置を視覚化します。話し合いの際は，教師が，「○○さんの考えをどう思う？」「どんなところがいい？」と問いかけながら友達の意見について考える場を設けることで，自分の考えをもう一度問い直すようにします。

授業の実際

❶導入

　本教材のあらすじを説明します。ひろ子さんへ正子さんから絵はがきが届きます。しかし，料金不足でした。ひろ子さんは，返事を書く際にそのことを伝えるかどうか迷います。母は，「お礼だけ言って教えない方がいい」と言います。兄は，「友達なんだからちゃんと教えた方がいい」と言います。ひろ子さんは，悩みます。悩んだ結果，手紙に料金不足だったことを書くことを決め，手紙を書き始めるというお話です。

　道徳科の教材には，往々にして主人公の行動の結果が示されているものがあります。その結果を受けて道徳的価値についての考えを深めることに適した教材もあれば，そうでない教材もあります。本教材は，どちらでも扱うことができるのですが，Aさんを含め，主人公の行動の結果が示されると自分の考えが深まらない子どもが多い場合には，あえて教材を途中で割愛して考えさせる方が自分事として道徳的価値について深く考えることができます。

> ✂ **Point　教材の提示方法を工夫する**
> 　教材の後半部分を割愛し，主人公が母と兄の助言を聞いてさらに迷ったところで，「あなたならどうしますか」と発問します。

　教材の後半部分を割愛し，主人公が「教えた方がいいのか」「教えない方がいいのか」葛藤している状況で終わるのは，Aさんにとっても理解しやすいものでした。教材を最後まで読むと，情報量の多さから内容が理解できなくなり，考えることを諦めてしまうこともあります。そういった面からも，道徳的価値に迫るために教材の必要な部分のみを使用することは有効です。Aさんは，「ぼくは，教えた方がいいと思う。教えると自分がホッとするから」と自分の考えをもち発言することができました。

　話は前後しますが，教材を範読する際，教科書を見せながら行うことが一般的ですが，Aさんのように文字情報から内容理解をすることが苦手な子どもには，あまり有効ではありません。少し手間ですが，合理的配慮だと考え，教材をプレゼンソフトで作成し提示することで，Aさんのような子どもの内容理解を助ける手立てとなります。

> ✂ **Point　視覚的な支援を行う**
> 　場面絵を中心に文字を補助的に配置したプレゼン資料を作成し範読します。

　Aさんの場合，普段の様子から耳からの情報を敏感にキャッチする傾向が見られます。聴覚

優位な子どもだと思いますが，語彙力も豊かな方ではないので，場面絵を用いて提示することには意味があると考えます。Ａさんの特性からも，持続してプレゼン画面を見続けることが難しいので，場面絵は内容理解を助ける有効なアイテムとなります。そこに，押さえておきたい言葉を文字として補助的に配置することで，視覚的な情報も的確に伝わります。さらに，相反する行為を色で分けることで，行為の違いが明確になり，考えやすくなります。これらの配慮が，先ほどのＡさんの発言につながったと考えます。

❷展開

　Ａさんを含め，9割の子どもたちが，料金不足だったことを「教える」とファーストジャッジしました。この段階では，まだ直感的な考えで，「本当の友達なら……」「大の仲良しならどうするか」など，深く考えたことにはなりません。しかし，筆者は，この直感的な考えを大切にしています。なぜなら，この考えこそが「今の自分の姿そのもの」だからです。

　多数派の考えを聞いた後に，「教えない」と考えた子どもの意見を聞きます。「料金不足だと教えると傷ついてしまうかもしれないから」「大の仲良しの正子さんが悲しくなるかもしれないから」と答えました。この少数派の考えに対し，教師は，「この気持ちわかる？」と問い返しました。すると，「教える」と答えた多くの子どもたちが「わかる」と頷いています。多くの子どもは自分の考えがそれでいいのか揺れ始めましたが，Ａさんは表情を変えません。先ほど発言したことに満足し，考えることをやめてしまっています。Ａさんにも迷ってほしいと願いながらも授業全体の流れもあるので，学習課題「ずっと『大の仲良し』でいるには，どうしたらいいかな」を提示しました。その後，「心情スケール」を用いて自他の考えを明確にする班活動に取り組みました。子どもたちは，「教えること」「教えないこと」のメリットとデメリットがわかった状態です。「教える」を軸にした「心情スケール」の尺度に自分の考えを示していきます。Ａさんは，自分の考えをもち発言したことによる満足感で本日の授業が「終了している」状態です。教師としては，もう一度，その考えでいいのか迷ってほしいのです。仮に，他の子どもがＡさんの考えに否定的なことを言おうものなら，「もういい」と言って本当に授業をボイコットしてしまいます。そのリスクを避けながら，Ａさんの考えを問い直す場を設定するための班活動を組織しました。

> ✂ **Point　話し合い活動を工夫する**
>
> 　班のメンバーは，Ａさんの考えを受け止めてくれる子どもにします。また，班活動は，教師が仲介しながら，Ａさんを含め一人ひとりの考えを認めるやりとりの場になるようにします。

　教師は，すぐにＡさんの班へ行き，Ａさん以外の子どもから考えを話すよう働きかけました。

2人が話した後,「私は,『あまりそう思わない』にしました。理由は,私だったらうれしくないからです。でも,教えてほしいという気持ちも少しはある」と3番目の子どもが言いました。「それを聞いてAさんどう思う?」と教師は尋ねました。Aさんは「う〜ん」としばらく考えていましたが,「自分も(料金不足のことを)言われたら嫌かもしれない」と答えました。友達の意見を聞き,教える側の視点から教えられる側の視点になり考えを見つめ直したのです。すかさず「みんな,Aさんの考えどう思う?」と同じ班の子どもに聞きました。子どもたちは「Aさんの考え,いいと思う」と認めてくれました。それを聞いたAさんは,「でも,ちゃんと教えてあげた方がいいと思う」とファーストジャッジからの自分の思いも伝えました。

【板書例】

　班活動終了後,全体で考えを共有していきました。「心情スケール」の尺度ごとに考えを聞いていきましたが,中間の尺度の子どもたちの考えはまだ揺れています。教師は,「この揺れ続けている気持ちわかる?」と問いかけました。すると,「教えるか教えないかが問題じゃなくて,『教え方』が大事なんじゃない」との発言から,「やさしく教えればいいんだよ」と子どもたちは考え始めました。教師は,「では,やさしく教えるにはどうすればいいのかな?」と問いかけ,主人公と同じように手紙を書く活動へと移りました。

❸終末

　子どもたちは,手紙を書き始めました。しかし,Aさんは手紙を書こうとしませんでした。「手紙書けるかな」と聞くと,「手紙なんかじゃ知らせない。電話でやさしく教える」と答えました。無理に取り組ませようとしてもうまくいかないことがこれまでも多々あったので,「わかったよ。よく考えたね。でも,振り返りは書けるかな」と言いました。Aさんは,振り返りに,「やっぱりお金がたりなかったことは教えた方がいい」と記述しました。「やっぱり」と書かれていたということは,班活動で友達の考えを聞き,それでも最初に自分が考えた意見の方がいいと問い直したということだと思い,Aさんなりのがんばりに,感動と感謝の念がわいてきました。

〈近藤和徳〉

　内容項目：C−⑿規則の尊重
教材「ピアノの音が……」出典：東京書籍

「できる」「わかる」で全員参加の授業にしよう

授業のポイント

❶授業のねらい・ポイント

　高学年になってくると，当然ながら自分だけで自由にできることが増えてきます。自分なりの判断力も培ってきているので「今は自分の話をしてもいいだろう」「この場所では，ボール遊びをしても大丈夫だろう」というように，自分がもっている権利を自己判断して生活していくようになります。しかし，自由である「権利」を主張したにもかかわらず，なぜか友達とすれ違うといった経験をすることでしょう。自己判断の行動は，自分の権利を主張するということであり，ぶつかり合えばすれ違いも生じます。「自分としては考えてやっているのになぁ」といった日常にある困り感を授業の種にし，自分事となるような授業をねらっていきましょう。

❷寄り添いたい子どもの姿

　学校のリーダーとなってくる高学年。規範意識も高まり，下の学年をリードする様子が見られる時期かと思います。けれど，うまくいかないことや，すれ違いが起きてしまうといったことも多々あるでしょう。「ちゃんときまりを守っているのに」「正しいことをやっているはずなのに」と考え悩んでいる子どもに特に寄り添っていきながら，全員にその可能性があることを理解させ，学級全体に寄り添っていきます。

❸本時のインクルーシブな視点

　授業への困り感がある子どもには，能力や空間などの様々な要因があります。なんとか参加したとしても，教師側にインクルーシブな視点がたりないと，「がんばろうと思ったけど，今，何をやるかわからないからいいや」と再び困り感を抱き，学習から離れてしまうでしょう。本時では，
・能力（スキル）→表現方法の多様化，難しい言葉の確認，話の簡潔化（場面絵提示等）
・空間（場）→座席配置，活動の時間や相手の明確化，十分な時間の確保
・思考（考え）→発問に番号をふる，構造的板書（ワークシート），近い意見から考える手段
といった視点をもち，最初から最後まで全員参加をねらった授業づくりを心がけます。

授業の実際

❶導入

　教科書・道徳ノート（ワークシート）の用意を子どもと確認し，主題名・考える心（内容項目）を板書します。主題名と考える心を常に確認できることで，本時の授業で考える視点がブレなくなります。

> ✂ Point　パターン化が安定を生む
> **主題名・内容項目は必ず視覚化し，子どもの記入はパターン化します。**
>
> ○月○日（　）「権利を主張するには」
> 考える心：規則の尊重（権利の視点から）　➡　11月 12日（木）　主題名：権利を主張するには　考える心：規則の尊重（権利）

　この際，全体への指示を受け取ることが苦手なAさんがいたとします。ノートの記入をしていなかったり，学習用具を机の上に出していなかったりするでしょう。全体への指示後，すぐに近くに寄り添い，個別に一つひとつ確認します。しかし，そもそも学習に気持ちが向かないという困り感をもつBさんもいます。Bさんには無理に確認はせず，机上の整理や教科書のページを開いておいてあげるなど，あとで「がんばりたい」と思ったときに参加できる準備を整えてあげましょう。準備ができたら，まずは，「権利」という言葉について考えていきます。

T：前回も規則の尊重について考えましたが，みんなの考え（共通解）はどうでしたか？
C：規則やルールを守ることは，みんなが気持ちよく過ごすために大切だとわかりました。
T：そうでしたね。では，規則を守れば気持ちよく過ごせそうということでいいですね。
T：例えば，規則を守れば，みんなが校庭を好き勝手に使っても大丈夫ですか？
C：いや，それは大丈夫じゃないと思います！
T：でもみんなには権利がありますよ。権利は，「自由にしていいこと」という意味です。
C：たしかに権利はあるんですけど……なんて言ったらいいのかなぁ。

　このように，単元型学習（右記）として，前時からの学びをつなぐことで，主題に対して課題意識をもつことができます。規則を守るだけでは，うまくいかなそうという「？」を生み，授業で考えたいという気持ちを高めましょう。課題意識をもてたところで価値を自分事にしていきます。

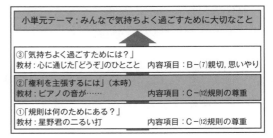

　次に，教師の問いかけから「どんな権利があるか」を全体で考えます。ここから，先ほどのBさんや，集中の持続が苦手なCさんなどが，授業から度々離れてしまうかもしれません。黒

板に「今，何をしているのか」がわかる印を用意し，興味のある話題などで突然意欲がわいたときに，いつでも参加できるようにしましょう。

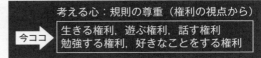

考える心：規則の尊重（権利の視点から）

生きる権利，遊ぶ権利，話す権利
勉強する権利，好きなことをする権利

（今ココ）

❷展開

　導入で課題意識をもてたところで，教材の範読に入っていきます。範読の際，話の理解で困り感をもたせてしまうと，この先の活動が困難になります。難しい言葉は補説して読んだり，適宜場面絵を提示したりするなどして，話をなるべく簡単に理解できるような手立てを講じましょう。外国籍で言語理解に困り感があるDさんには，<u>あらかじめルビをふっておいたり，場面絵を使って4コマ程度のマンガのような資料を用意したり</u>します。

✂ Point　視覚と聴覚を刺激し，「わかる」範読を行う

互いの権利がぶつかる　　　　　　？　　　　　　気持ちよい生活

挿絵出典：山元かえ・絵（『新訂　新しい道徳6』東京書籍〈2020年度版〉）

発問①「『そう音』に困って苦情を言った人は，どんな気持ちだったでしょう」

　範読が終わったら，話の内容を整理し，発問①について考えます。次のように，考える手立てになるものや活動時間を明確に伝えておくと，子どもは考えやすくなります。

T：「そう音」に困って苦情を言った人は，どんな気持ちだったでしょう。<u>○分間とるので，</u>じっくり考えてワークシートの①に書いてみましょう。<u>黒板のこの場面絵を見て想像したり，教科書○ページを少し読み直したり</u>して考えてみてもいいですよ。

　このように，考える手立てを明確にすることで「どの場面だろう」「どの人物のことだっけ」と困る子どもが少なくなるでしょう。考える時間が終わったらペアや小グループで話す時間をとります。少人数での話し合いをしておくと，全体交流のときに自分で話せなくても話し合った友達に発信してもらうことで参加意識がもてるようになります。ここでは，ペアづくりや対話，発表に苦手意識があるEさんが悩むことでしょう。まずは，「隣同士」「横3人」などと活動相手を明確に伝え，話し合いでは互いのノートを見せ合う，似ている意見を指さすなどといった，<u>「話す」以外の表現方法でもよい</u>ことを共有しましょう。指示だけでは不十分なこともあるので，机間指導でEさんに寄り添い，近い意見を一緒に探したり，考えをかわりに伝えたりします。ただし，少人数活動では同じ困り感がある子ども同士の活動にならないようにする

などあらかじめ配慮した座席配置や，班編成も必要になってくると思います。

【板書例】

発問②「『ピアノがうるさい』と苦情を言われた人は，どんな気持ちだったでしょう」

　発問は変わりますが，発問①と同じような形で進めていいと思います。ワークシートには場面絵からふきだしが出ている図を用意するなど，見ただけで何を考えるかがわかるような工夫をしましょう。全体で共有できたら，どちらにも正しく権利があることを確認し，「どうしたらいいのか……」という「？」に向かう中心発問に進みます。

中心発問③「権利を主張するときに，互いに気持ちよく過ごすためには何が大切でしょう」

Ｔ：今日のお話では，互いの権利を自由に使っただけなのに，気持ちよく過ごすことができませんでしたね。でも，その後は場面絵のように気持ちよく生活できるようになりました。では，権利を主張するときに，互いに気持ちよく過ごすためには何が大切でしょう。〇分間考えて書いてみてください。

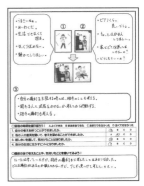

　このように声をかけ，価値を深める活動に入ります。板書とワークシートを構造化し，中心発問までの流れが視覚的にわかるようにしましょう。個人の考えがもてたら，グループになって「気持ちよく過ごすためには」という課題について話し合っていきます。ミニホワイトボードなどを活用し，視覚的にまとめていくのも有効だと思います。その後全体で話し合い，共通部分を見出していきながら共通解を見つけていきます。（共通解→みんなの考え）

❸終末

　共通解をもとに，本音の考えである納得解を紡いでいきます。自己評価を含め，自分を見つめる大切な時間です。じっくりと考えられるように時間をとりましょう。最後に次時の確認をし，単元のゴールを見通したら学習を終わります。　　　　　　　　　　　　〈田屋裕貴〉

視覚支援で思考を明確にした授業を行おう

授業のポイント

　相手を思う思いやりの心は目には見えにくいです。そこで，心情円盤を使って可視化します。また，手元で操作することによって，心情の変化の大小を感覚でつかむこともできます。

❶授業のねらい・ポイント

　ロベーヌとジョルジュじいさんは互いに相手の置かれている立場や状況を考え，どうすることが相手のためになるかをそれぞれが考えて行動に移します。ふたりの行動から，相手の立場を考え，気持ちを想像し，思いやりの心をもって親切にしようとする心情を育てます。思いやりの心は，決して自己犠牲ではなく，相手を大切な存在として見るということです。

❷寄り添いたい子どもの姿

　高学年であっても，子どもがひとりで考えて，深めていくには限界があります。様々な意見にふれることで，多面的・多角的な考えを得ることができます。しかし，子どもは皆が皆，明瞭に意見を言えるわけではありません。すべての子どもが，45分の中で自分の意見をもち，その根拠となる考えを発表し，意見交換をし，積極的に授業に参加できるような工夫が必要です。

❸本時のインクルーシブな視点

　誰がどんな考えをもっているかを互いに知るために，視覚支援のツールが必要です。ここで大切なことは，思考，選択をした理由を明確にすることです。心情円盤は，思考がなぜこう変わったのかという考えの補助的役割を果たすことができます。うまく自分の考えを言えない子どもは，ツールがあることで，言語化しやすくなるでしょう。また，思いやりの心を言葉で表すときに，心をイメージしたハート型の紙を黒板に分類して並べることで，視覚優位になり，思考の整理がしやすくなるでしょう。

授業の実際

❶導入

　教材文が長いときには，一度に全部を読むのではなく，場面ごとに場面絵を貼りながら内容を確認することも効果的です。ここでは，互いの「思いやり」について考えようというテーマを設定します。ロベーヌとジョルジュじいさんのそれぞれの立場を確認します。本教材を通して，ロベーヌの心の変化を捉えるために，最初の心情を円盤で表すことから始めます。どうして

も俳優になりたいロベーヌは，どこの誰かもわからない人からの行為に，感謝の思いを寄せる一方で，寄付が滞ったときに，「せっかく養成所に通えるようになったのに」「なぜお金を送ってくれなかったのか」と見えない相手を恨んだり，腹を立てたりします。そのときに相手を思う気持ちを【写真1】のように手元で操作します。

　ワークシートにも同様に色を塗ります。

写真1

> ✂ **Point**　心の中にある相手への思いを心情円盤を使って表してみる
> 　赤：相手を思う気持ち・白：自分のことを思う気持ちで表します。

❷展開

①なぜ，ジョルジュじいさんは直接おくり物を渡さなかったのかを考える

　「ロベーヌに気をつかわせたくない」「遠慮なく使ってもらいたい」「ロベーヌが今後，ジョルジュじいさんを頼りすぎてしまうと結果としてよくない」「おくり主を知ってしまうとがんばれなくなるかもしれない」等，意見が出ます。ジョルジュじいさんがロベーヌの立場に立っているからこそ，黙っておくり物を渡していたであろうことや，ロベーヌのことを思って親身になっていたこと等の意見が出ます。このときも同様に，心情

写真2

円盤を使って，ジョルジュじいさんのロベーヌに対する思いを表します。【写真2】

　【写真1】のときと違い，ジョルジュじいさんは，ロベーヌの立場を理解しながら思いやっているということが，色の割合でわかります。

②しばらくうつむいた後，きっぱりと言ったロベーヌが何を考えていたかをみんなで話し合う

　自分に期待を寄せてくれて，お金を払ってくれたのはジョルジュじいさんであったことを知り，喜びを抱える反面，「つきそうと練習を休むことになる」「体を壊してまで自分のために働いてくれた」「助けられるのは自分だけだけれどどうすればよいか悩む」「今度は自分が恩返しをしよう」等の意見が出ます。このようにロベーヌが葛藤しながらも，最後はきっぱりと相手のことを思う選択肢を選んだことを心情円盤で操作しながら交流します。

　今現在のロベーヌの心情の割合がなぜそうなのかを考えるよりも，最初の心情円盤【写真1】と比較する方が，効果的です。なぜ，そう変わったかを2つの円盤を並べながら説明します【写真3】。教師が最初の心情円盤を持ち，子どもが変容した後の心情円盤を持つとよいでしょう。

写真3

　うまく説明することができない子どもは，心情円盤が思考の補助ツールとなって，なぜ変化したのか，ロベーヌを変容させたものは何かということを説明することができるでしょう。言語化が難しいときは，「これだけ変わった」と変化の大小を示すことから始めるとよいかもしれません。

　ワークシートにも同様に表すことにより，変容の形跡を見取ることができます。【写真4】

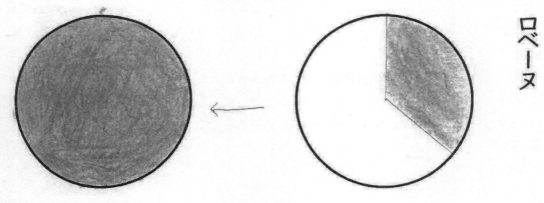

写真4

③学習のテーマである，互いの思いやりについて考える

　ジョルジュじいさんは体を壊してまでロベーヌのためにお金を稼ぎ，ロベーヌは夢である俳優になるのに少し遠回りになるとわかっていながらも練習を休んでジョルジュじいさんにつきそったことがここまでで明らかになります。「互いを思いやるには自己犠牲が必要なのでしょうか」ということを補助発問として投げかけます。自己犠牲という考えには，相手のためにし

てあげたという自己満足も含まれます。自分はこれだけやってあげているのだからというような思いも入ることでしょう。そうすると，心情円盤の白い部分が増えます。しかし，ほとんどの子どもは赤い部分が大半を占めています。「なぜ赤が増えたのか」「そこにしてあげたという自己犠牲の気持ちはないのか」等を円盤を使用しながら話し合います。

最後に，題名にもなっているジョルジュじいさんからの「最後のおくり物」は何であったかをハート型の紙に記入し，それを黒板に分類しながら貼っていきます。【写真5】

相手に幸せになってほしいという願いやロベーヌに対する「応援」「期待」「未来」というあたたかい思いが出てきます。それは決して自己犠牲ではなく，相手のことを最大限に思い，相手を大切にしようという心です。

写真5

また，ジョルジュじいさんは，このような人生の幕引きをどう思っているのでしょうか。人を思いやった行動について自分も幸せだと感じているはずです。それはロベーヌも同じです。互いの思いやりとは，最大限に相手の幸せを願うことだけでなく，自分も幸せであり，どちらもよい気持ちになると気づくことができ，深い思考につながることでしょう。ハートがいっぱいのあたたかい気持ちで満たされた板書構成になるとよりよいでしょう。

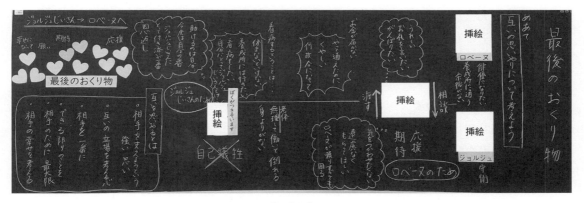

【板書例】

❸終末

互いを思いやるということについて，本時の学習を振り返ります。宮澤章二著『行為の意味』を読んだり，ACジャパンのCM「見える気持ちに」「おもいやり算」を見たりして思いやりについてあらためて考え，余韻をもって終わることもよいと思います。

〈納由理〉

内容項目：A −⑶節度，節制
教材「カスミと携帯電話」出典：日本文教出版

視覚的な支援でよりよく自己を見つめよう

授業のポイント

❶授業のねらい・ポイント

　ねらいは，「カスミの行動について考えたことを交流する活動を通して，節度を守り，節制を心がけていこうとする態度を養う」です。カスミに寄り添う中で，つい節度を守れない行動をしてしまう人間の弱さに共感しつつも，それに立ち向かうよさや，乗り越えるために大切なことを考えられるようにします。学習指導要領解説には，本内容項目に関する高学年の発達の段階について，「基本的な生活習慣については，その意義を理解しておおむね身に付けていることが期待されるが，ともすると不規則な生活によって体調を崩したり，集中力を欠いたりする児童が少なくないことも指摘されている」と述べられています。価値の理解を行動に移すことの難しさを実感し，それを乗り越えることについて考える学習の重要性がわかるでしょう。

　本教材は，子どもたちの身近な題材や場面を扱っているため，考えやすい内容であると思います。授業での学びや気づきを日々の生活につなげていけるようにしたいものです。

❷寄り添いたい子どもの姿

　主に，「発問に対する考えを書いたり話したりすることに困難のある子」と「振り返りで，学習内容と自己を関係づけて記述することに困難のある子」に寄り添うための手立てについて紹介します。

❸本時のインクルーシブな視点

　発問に対する考えを表現することに困難のある子への支援として，「発問への考え方に関する選択肢」を示します。「記述する」から「選ぶ」となり，書くことへの負担感を軽減させることができます。また，意見が視覚化されるので，話し合いの論点が明確になります。

　振り返りで，学習内容と自己を関係づけて記述することに困難のある子が，授業での学びや自己の生き方を表現しやすくなるよう，記述の視点が書かれたカードを提示します。

　他にも，子どもの問題意識を高める工夫や教具の活用を紹介します。以下，本書の中で紹介された，「道徳科ユニバーサル５段階学習法」に沿って，実践を解説していきます。

授業の実際

❶導入

①知って気づく

　自分の好きなことや熱中していることを交流します。「ゲーム」や「マンガ」「お絵かき」など，子どもたちが日々取り組んでいることや趣味を出し合い，学習への意欲を高めます。

　その後，「好きなことを好きなだけ続けることは，よいことですか」と問います。子どもたちは，「よくない」「ものによる」「ほどほどならよい」などと答えるでしょう。学級の実態によっては，「どんな場合なら好きなだけ続けて問題ないか」「『ほどほど』とはどういうことか」などと交流してもよいです。黒板に書きとめておくと授業後半に振り返ることができます。

　「何事も適度に行うこと」や「節度を守ること」の大切さを共有し，「やめなければならないとわかっていることをやめられなかった経験はありますか」と問います。多くの子どもたちがこのような経験があると言うでしょう。「ある」か「ない」か，全員に挙手を促すことで，道徳的価値への向き合い方を確認させます。動作させるので，挙手は集中力の保持に課題のある子にとっても有効な指示です。その際，全員が挙手したか確かめましょう。夜遅くまでゲームをしたりマンガを読んだりしてしまった経験などを，数名の子に語ってもらうのもよいです。

②比べて絞り込む

　「なぜ，わかっているのにやめられないことがあるのでしょう」と問います。子どもたちからは「少しくらいという思いから」「楽しい気持ちが勝ってしまう」などの原因が出ると思います。図のように，ふきだしに入るセリフを考えたり，価値理解の容易さと行動の困難さの

ギャップを比較したりして，節度を守ることの難しさを実感できるようにします。ポイントは視覚的に示すことです。音声や文字で理解することが困難な子への支援になるとともに，学習課題の設定につなげることができます。ここまでで考えたことを交流し（モデレーション），学習課題「『少しくらいなら……』に勝つために，どのようなことが大切なのだろうか」を立て，範読します。なお，学習課題は子どもたちの言葉でつくります。「節度を守るために大切なことは何だろうか」や，「『ほどほどに』を考えよう」などの文言でもよいでしょう。

❀ Point　ギャップの視覚化で問題意識を高める

　問題意識を生んだり高めたりするには，「わかっているのにできない」や「自分なら登場人物のようにしない」など，道徳的価値や登場人物の行動と，自分の考えのずれ（ギャ

ップ）を自覚させることが有効です。その際，ギャップを強調した教材提示や板書をすると，問題が焦点化されたり，学習の見通しをもてたりします。

❷展開

③関わって識る

　節度を守れなかったことを反省し，カスミは母に携帯電話を返しました。この判断を客観的に評価する活動を行います。道徳科でよく扱われる登場人物の心情ではなく「自分はどう思うか」を話し合います。登場人物と自らを重ね合わせることが苦手な子にとって考えやすいです。「カスミが母に携帯電話を返したことをどう思いますか」と問います。その際，自らの考えを「①よくない・②あまりよくない・③よい・④とてもよい」の中から選ぶよう指示します。選択式は，文章で表現することが苦手な子への支援となります。また，黒板にネームプレートを貼らせると，学級の傾向がすぐわかるので，自然と議論につなげることができます。

　まず，個人で考えを整理します。書くことが苦手な子のため，ワークシートは図のように最低限書いてもらいたい箇所を枠で示し，空いた部分はメモとして自由に使えるようにします。

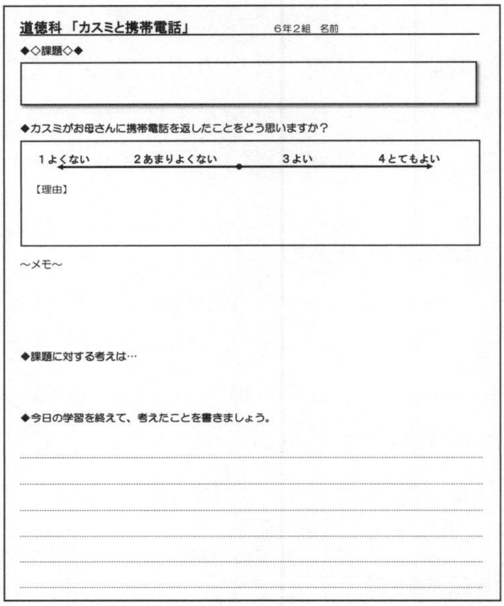

　次に，グループで話し合います。その際は，どのような理由でその数値を選んだかを共有するよう助言します。あたたかい気持ちで聴き合う風土があることが望ましいです。

　グループでの話し合いの後は，考えを変えた子に，ネームプレートを動かすよう指示します。この行為により，自身の意見の変化を自覚させることができます。変化が視覚的にわかるよう表と裏で色が異なるプレートを用いて，色を変えさせるのもよいです。

> 道徳科「カスミと携帯電話」　　6年2組　名前
>
> ◆◇課題◇◆
>
> ◆カスミがお母さんに携帯電話を返したことをどう思いますか？
>
> | 1 よくない | 2 あまりよくない | 3 よい | 4 とてもよい |
> 【理由】
>
> 〜メモ〜
>
> ◆課題に対する考えは…
>
> ◆今日の学習を終えて，考えたことを書きましょう。

✂ Point　選択肢を用いて論点を明確にする

　選択から始まるので，考えの文章化が困難な子も参加しやすいです。また，クラスの意見の傾向や差異が視覚化されるので，話し合いの論点を明確にし，課題解決につなげることができます。

　全体での話し合いでは，選択肢ごとの考えを出し合い「揺さぶりの発問」をします。意見の傾向をもとに，例えば，次のように問うことで学習課題について多面的・多角的に考えます。

【「よい」側を選んだ子に対して】
「携帯電話を返せば節度を守る力がつくか？」「今後レイナとの関係はどうなるか？」
【「よくない」側を選んだ子に対して】
「反省しているが，同じ失敗をしないか？」「自分にも健康面の問題が起きないか？」

　カスミの選択の良し悪しを決める話し合いではありません。意見を交流した後は，カスミが携帯電話を返した後に注意すべきことや，仮にカスミが携帯電話を使い続ける場合に大切なことなど，両方のパターンのことを，「節度，節制」の視点で考え，共通解の導出につなげます。

　展開の最後に，学習課題について，「どのようなことが大切か」「どのような心構えが望ましいか」など，これまでの話し合いを踏まえて考えを交流し，出た意見を共通解とします。

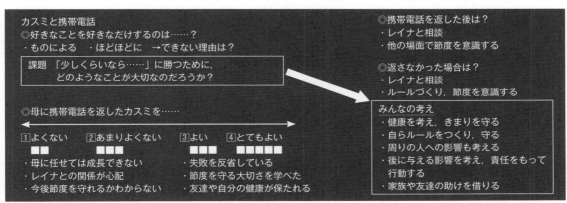

【板書例】

❸終末

④重ねてイメージする

　共通解をもとに，学習課題について，今までの自分自身はどうだったか，授業でどんな学びがあったか，これからどんなことに気をつけていきたいかなどを見つめます。（納得解）

⑤学ぶ自分を振り返る

　振り返りを書きます。学びと自身を関係づけることが困難な子にはカードを提示し，視点を与えます。道徳科で大切なのは，自己の生き方についての考えを深めることです。短文でも書けない子へは，学んだことの聞き取りや観察によるパフォーマンス評価をし，通知表等へ反映させる支援も考えられます。

〈道徳ふり返り視点カード〉

【授業のこと】
・今日の学習で○○が大切だと思いました
・△△さんの意見から，○○だと思いました

【これまで，これからのこと】
・これまでの自分は○○でした
・これからは○○を大事にしたいと思います

〈梅澤正輝〉

時間の構造化で
安心して発表できる授業を行おう

授業のポイント

❶授業のねらい・ポイント

　行動の自由とは，何でも好き勝手にすることではありません。自由な考えと行動のもつ意味と自分の責任を自覚し，自律的に判断することが大切です。6年生の子どもは，自主的に考え行動しようとする姿が見られます。しかし，自由の意味を捉え違え，周りのことを考えず，自分勝手な行動になることもあります。

　本教材は，校内行事を知らせるかべ新聞のトップ記事に，おもしろい記事を書こうとする，みえ子となつみの話です。なつみの書いた記事を読んで，すっきりしない気持ちでいたみえ子は，去年の6年生が書いた記事を読んで，なつみに「もう一度考えてみようよ」と言いました。そう言ったみえ子の思いを考えることを通して，自由にも許されることと許されないことがあることを理解し，自律的な行動をしようとする心情を育てることをねらいとします。

❷寄り添いたい子どもの姿

　話し合いの場面を理解することや，今，何を話し合わなければならないのかということの見通しを立てることが難しいAさん。先へ先へと次のことが気になるBさん。文字を鉛筆で書くことを嫌がるCさん。自分の考えをまとめることに時間がかかるDさん。4人の子どもたちが，道徳科授業での学びに参加できること，そして，教材文中の道徳的問題に気づき，自分の考えを発表できるような手立てを考えました。

❸本時のインクルーシブな視点

　授業のはじめに学習の流れについて提示することで，見通しを立てることが難しいAさんや先を知りたいBさんが学習に落ちついて参加できます。また，タブレットを使用することや，グループでの話し合いの時間を設定することで，文字を書くことが苦手なCさんや考えをまとめるのに時間がかかるDさんが，自分の考えを発表することができます。そして，本時のめあてである「自分なりの考え」をまとめたものを十分共有できるように，授業後に教室に掲示します。

授業の実際

❶導入

　本時の学習のねらいとする指導内容について，問題意識をもたせるために，「自由」という言葉のもつイメージについて話し合います。「自由」と聞いて，どんなことを想像するか尋ねると，「自由といえば，何をしてもいい」や，「自分の思ったようにできる」というようなことが出されるのではないでしょうか。その後，「自由と責任について自分なりの考えをまとめよう」というめあてを板書します。今日の授業では自由と責任について自分なりの考えをまとめることを知らせます。次にこの1時間の授業の流れを示したホワイトボードを提示します。

> 【今日の授業の流れ】
> 「自由と責任」について，考えよう
> ①かべ新聞の記事読む
> ②お話を読む
> ③問題をつかむ
> ④自分なりに考える
> ⑤問題について話し合う
> ⑥問題を解決するときに大切な考え方について話し合う
> ⑦「自由と責任」について，自分なりの考えをまとめる

> ✿ **Point　授業のはじめに内容の進め方について全体的な見通しを提示する**
> 　話し合いの場面を理解することや，今，何を話し合わなければならないのかということの見通しを立てることが難しいAさん。先へ先へと次のことが気になるBさん。あらかじめ話し合いのテーマや流れ，終わりを見えるように提示しておくことで，話し合いの順番や，進行状況を理解しやすくなり，安心して学習できます。

❷展開

　問題をつかむために，なつみの書いた記事を大きく提示し，教材「ほんとうのことだけど……」を読んで話し合います。

　なつみに，「自由に考えていいんでしょ。それに，ほんとうのことだし」と言われ，迷ってしまったみえ子の思いを考えさせます。「本当のことだけど，ふたりは嫌な思いをしていないかな」「失敗を記事にされて，みんなに笑われたらかわいそう」「本当のことでも言っていいことと悪いことがある」などと考えるのではないでしょうか。

　次に，去年の6年生の記事を大きく提示します。すっきりしなかったみえ子が「もう一度考えてみようよ」となつみに言ったのは，なつみのどんなところが問題だと思ったからかについて考えさせます。そして，考えた問題についてなぜそれが問題なのか，その理由を，子ども一人ひとりに考えさせます。「人の失敗ではなく，よいところを書きたい」「書かれた人がかわい

そうだし，人を傷つけることは書かない方がいい」「考えるのは自由だけど，記事を出した後のことまで考えて記事を書かないといけない」そこが問題ではないかと考えるのではないでしょうか。ここで，評価です。「心に迷いがなくなったみえ子の自律的な行動の根拠について考えているか」道徳ノートを見て評価します。

次に問題についてグループで，この状況を解決する方法や，そのもとになる思いを出し合って話し合わせます。

グループで話し合う前に，個人の考えをまとめる時間を設定します。「いくら自由だといっても，その人を傷つけていいということではないから，よく考えていかなくてはいけない」などが出てくるのではないでしょうか。

> 【話し合いの方法】
> ①1人目が自分の考えを発表する
> ②聞いていた人は，発表について意見を言ったり，質問をしたりする
> ・よかったところは？
> ・わかりにくいところは？
> ③2人目，3人目と続ける
> ④自分の考えを見直して，よりよい解決方法を見つける

次に，グループで話し合ったことをもとに，「自由と責任」について，どんな考え方が大切か，学級全体で話し合います。「自由はただ自分勝手にすることをいうのではなく，行動に責任をもたなくてはいけない」など，発表をしていきます。座席表に一人ひとりの考えをメモしておき，意図的指名を行い，考えを深めることができるようにします。

> ✂ Point　どの子どもも発表する機会をもてる場の設定や用具の準備を行う
> 　文字を鉛筆で書くことを嫌がるCさんは，タブレットで話したことを文字に変換するソフト使用し，それで自分の考えを見せながら話し合いに参加します。
> 　自分の考えをまとめることに時間がかかるDさんは，考えたところまでを班（3人）で発表し，その後，班員の考えをじっくり聞いて考えをまとめることができます。
> 　座席表に子どもの考えをメモし，途中までまとめていたDさんの内容を発表させた後，似ている考えの子を意図的にあてて発表させ，考えを広げ深めていけるようにします。

最後に学習して学んだことをまとめます。「自由といっても，何でもいいということではない。人に迷惑をかけないことなど自分でしっかり考えた上で，行動することが大切である」「自分が楽しければいいというのは自由ではなく，自分勝手な行動だと思う」「自由だからこそ自分の行動に責任をもたなくてはいけない」など，「自由と責任」について，自分なりの考えをまとめさせます。まとめて記入するための付箋を用意します。本来の自由を大切にし，責任ある行為をとろうとする心情を育てたいです。ここで評価をします。「自由な言動には責任が伴うことに気づいているか」道徳ノートや発言をもとに評価をします。

✂ Point　自分なりの考えをまとめたものを共有できるようにする

　授業の後半に，自由と責任について自分なりの考えをまとめた後に発表しても，耳から聞くだけでは共有しにくいです。タブレットで書かれたものや付箋は実物教材提示装置で電子黒板に映しながら話を聞けるようにします。また，授業後，道徳コーナーに掲示し，クラス全体で共有し考えられるような場の設定を行います。

【板書例】

❸終末

　終末は教師が自律的に判断し，責任ある行動をした体験を語ります。また補導センターの先生と情報モラルの学習を行ったときのことを思い出させます。SNS などでも自由と責任が伴うことを再確認します。自由と責任の関わりについて話し，自律的な行動をしようとする意欲をもたせます。

〈竹内磨吏〉

【参考文献】

・日本版 PRIM 作成委員会　編／榊原洋一・佐藤暁　著『発達障害のある子のサポートブック　保育・教育の現場から寄せられた学習困難・不適切行動へのすぐできる対応策2800』学研教育みらい　2014
・宮口幸治・松浦直己　著『教室の「困っている子ども」を支える７つの手がかり』明石書店　2014
・月森久江　編集『教室でできる特別支援教育のアイデア172　小学校編』図書文化社　2005

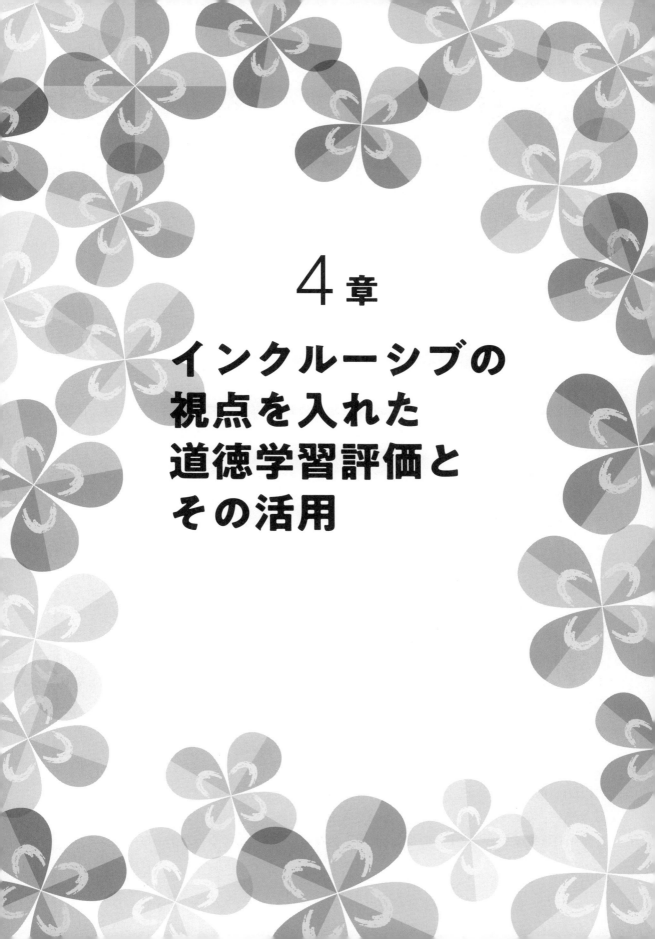

4章

インクルーシブの
視点を入れた
道徳学習評価と
その活用

子どものよさを生かす
道徳学習評価

子どものよさを見取る意味

❶子どもが自身のよさに気づくとき

　2021年1月に示された中央教育審議会答申「『令和の日本型学校教育』の構築を目指して」では，実現すべき「令和の日本型学校教育」の姿として「全ての子供たちの可能性を引き出す，個別最適な学びと，協働的な学びの実現」と謳っています。そして，その総論のはじめには，急激に変化する時代の中で育むべき資質・能力として「一人一人の児童生徒が，自分のよさや可能性を認識するとともに，あらゆる他者を価値のある存在として尊重し，多様な人々と協働しながら様々な社会的変化を乗り越え，豊かな人生を切り拓き，持続可能な社会の創り手となることができるようにすることが必要」と記されています。

　では，子ども自身が自分のよさや可能性を認識するときとは，どのようなときなのでしょうか。自己肯定感の高い子どもは，自分のよさや長所を認識しているかもしれません。しかし，多くの子どもたちは，周りにいる大人や教師がそのよさを認め励まし，勇気づけていくことで，初めて自分のよさを肯定的に捉えることができるのではないでしょうか。自分以外の他者からのほめ言葉や励ましは誰にとってもうれしいもので，勇気づけられます。その言葉かけこそが子どもの自信となり，主体的な学びへとつながっていくのです。教師が一人ひとりの子どもに寄り添い，その成長を見守り，よさを認めたり励ましたりすることで，子どもは安心して，自分のよさに気づき，自信をもって進もうとすることができるのです。

　これは，私が4年生の担任をしていたときのことです。算数テストで間違えたところを何回も繰り返し練習している女児がいました。私も毎日一緒にその練習につきあうことにしました。時間にすると5分程度だったと思います。ある日，その女児が，「先生と一緒にやると，算数がだんだん嫌いじゃなくなってきた」と笑顔で話してくれました。毎日努力する姿が立派だったので，そのことを通知表に記しました。すると，2学期の初日，女児から手紙をもらいました。

　「私は，算数が嫌いでした。テストで，100点がとれません。でも，先生とやる1日1問は，好きです。ちょっとずつだけど，わかってきました。次は，がんばれる気がします」

　教師の言葉が女児の背中を押したのかもしれないと，うれしくなった出来事の1つです。

❷子どものよさを見取るのは，教師の役割

　学習指導要領解説の第5章「道徳科の評価」の中で，「道徳性の評価の基盤には，教師と児童との人間的な触れ合いによる共感的な理解が存在することが重要である。その上で，児童の成長を見守り，努力を認めたり，励ましたりすることによって，児童が自らの成長を実感し，更に意欲的に取り組もうとするきっかけとなるような評価を目指すことが求められる。なお，道徳性は，極めて多様な児童の人格全体に関わるものであることから，評価に当たっては，個人内の成長の過程を重視すべきである」とあります。

　子どものよさを見取ると一言で言っても，目の前の子どもたちは一人ひとり違います。40人いれば40人のよさがあるはずです。何でもいいからほめればいいというものではありません。人には複数の面があり，その一部分を教室で見せているにすぎません。子どもの見せる複数の場面からよい面を見取り，その部分を認め励ましていきます。教師は子どもたちの小さな成長を見てとどめ置こうという意識が必要です。これは，子どもと教師との信頼関係が築かれた上での共感的な理解が大前提であることはいうまでもありません。

　特別支援学校（学級）では，担当する子どもが少人数だったり，複数の教師が担当したりしていることもあり，子どもの様子や事実を毎日記録しています。その記録をもとに気づいたことを報告したり，小さな変化にも対応したりしているのです。通常学級でも同じで，たくさん書く必要はなく，その日に気づいた子どものよさや気になったことなどをメモしていくようにすればよいのです。具体的な記述をしておくと，子どもへの言葉かけがより適切になり，信頼関係も深まっていくと思います。

❸子どもが新たな目標を目指す

　子どものよさや成長を見守り，その努力を認めたり，励ましたりすることが大切であることを述べてきましたが，そこがゴールではありません。子どもが自らの成長を実感し，より高い目標に向かって，意欲的に取り組もうとするきっかけとなるような教師の評価が求められます。教師は，一人ひとりの具体的な行動や成長の様子を肯定的に受け止め，適切な言葉をかけます。教師の言葉から子どもたちは自らのよさや可能性を認め，自己肯定感を高め，自信をつけます。また，教師は，子ども同士が認め合う場を意図的につくることも大切です。多くの人から励まされ，勇気づけられた子どもは，次の新たな目標を目指すことができるのです。

　人は誰でもよりよく生きたいという願いや思いをもっています。よりよく生きるとは何かという問いを子ども自身が考え，その思いを素直に受け止め，実践していこうとする姿こそが目指すゴールなのです。子どもを励まし，勇気づけ，子どもの背中を押す役割が教師であり，子どものよさを見取る意味は，子どもが未来に進むためのエールを贈ることなのです。

子どものよさを見つけるための方法

❶発言や学習の様子をメモして，よさを見つける

　授業中，子どもたちの発言で「おもしろい」「するどい」「なぜ」と思ったものをメモします。発言した子どもの名前も忘れずに書きとめます。私は，気にとめた子どもたちの発言をノートや座席表などに簡単に記録して，放課後，子どもを帰した後に見直していました。付箋紙を使って整理するのも有効な方法だと思います。音声を録音する方法もありますが，かなりの労力がいるので，単元を選んで行うようにするとよいでしょう。

　子どもたちが学習に取り組んでいる様子を映像や写真に撮ることもあります。発言をする子どもは，その発言をメモできますが，発言を苦手とする子どもや発言の少ない子どもに関しては，学習の取り組みの様子を見取ることで，違う一面を見つけることができます。発言が少なくても，グループの中で協力している姿や友達の意見に耳を傾けたり，笑顔で相槌を打ったりする様子が認められたなら，それは主体的に取り組んでいる印なのです。たとえ声を発するチャンスがなかったとしても，授業に前向きに参加している子どもたちは少なくないはずです。

　このように，子どもの発言や学習活動の様子をメモすることは，子どものよい点を評価するだけでなく，教師自身や子どもたちの授業を振り返る材料としても役に立つのです。

❷子どものノートから，よさを見つける

　授業後，学習の中で子どもたちが書いたノートやワークシートを集め，目を通すことが大切です。ノートに書かれたものから，子どもたちの学習活動の様子をうかがうことができます。子どもたちが書いた成果物に対して，できれば，教師からのコメントを書いて返したいと思います。

　しかし，ここでも書くことに苦手意識がある子どもがいます。それならば，ノートやワークシートは子どもたちがある程度自由に書けるようにしたいものです。文を書くだけではなく，絵や記号を使ってもよいということを知らせておきましょう。全く書いていない（書かない）子どものノートには，教師から子どもへ言葉で返すようにします。往復書簡のように，ノートが教師とのやりとりの場となり，信頼関係が深まっていくと同時に，徐々に書ける（書く）ようになってくると思います。子どもの考えや思いが強く表れたり，成長を感じたりしたノートなどは，コピーをしたり，写真を撮ったりしておき，評価するようにしたいと思います。

　ただ，ノートやワークシートは，自分の考えをまとめたり深めたりするには有効な方法ではありますが，道徳科の授業においては，学級集団の中での話し合いや役割演技も重要な自己表現であり，ノートありきではないことを忘れずにいてほしいと思います。

❸自己表現や関わりの中に，よさを見つける

　道徳科の授業では，友達との関わりがいろいろな場面で見られます。学級集団の中での話し合いや役割演技などは，子どもたちの自己表現の場であり主体的な関わりが見られる活動です。

①役割演技や動作化

　役割演技や動作化は，即興的に演技や動作をしていくので，深層心理が表出されやすいといわれています。子どもたちの本音や実態が把握しやすく，登場人物の様子を自分に当てはめて考えたり，主人公の行動をヒントに実感的な理解を深めたりできます。

　低学年教材の「およげないりすさん」（出典「わたしたちの道徳　小学校一・二年」文部科学省）では，教師が「りすさんのことが気になったみんなは，どんな相談をしたのでしょう」と投げかけ，ひとりぼっちになっているりすさんのことを考えて友達に対する思いを引き出します。「ひとりでさびしいよね」「やっぱりみんなが揃わないと楽しくないね」「迎えに行こうよ」「ぼくの背中に乗せてあげるよ。そっと泳げば落ちないよ」「みんなで，謝らなきゃだめだね」「りすさん，泣いているかも」子どもたちは，役割演技をしながら，いろいろな友達の気持ちを思い描き自分の言葉で考えていきます。友達との関わり合いのちょっとしたしぐさや様子からも，その子らしさやその子のよさを見取ることができます。

②話し合い活動

　話し合い活動は，子どもたちが相互の考えを深める中心的な学習活動です。座席の形を工夫したり，討論形式で進めたり，ペアでの対話，少人数グループ，考えが似ているグループ，考えが違うグループ，学級全体（一斉）で話し合ったりと学習形態は様々ですが，話し合い活動を取り入れるのは，教材の中に含まれている道徳的問題について，道徳的価値をより強く自分との関わりで捉えていくためです。

　どのような話し合い活動でも，目的をもち意識して話し合うことが大切ですが，その前に，何を言っても否定されず，誰もが自由に安心して意見交換ができる場であることが最優先です。子どもの多くは「誰かに話したい」「聞いてもらいたい」と思っていますが，実際に発表するとなると，「大勢の前だと恥ずかしい」「間違えたくない」と消極的になってしまうのです。話せる環境が整うと，子どもは自分の考えを誰かに聞いてもらいたい，友達の考えや意見を聞きたい，意見が違うことを伝えたい，あるいは意見に賛同したい，と考えるはずです。

　高学年「このようなとき，あなたならどうしますか。」（出典「私たちの道徳　小学校五・六年」文部科学省，134ページ）では，解決策の話し合いで，「注意する」「はっきり嫌だと言うべき」「だって，怖いから言えない」「友達や先生に相談する」など多数の考えが出てきます。その中から，「友達のことを考えて」「○○さんのかわりに」と友達を意識した意見が出てきます。話し合いが進んでいくと，子ども一人ひとりの考えが深まり練り上がっていくのを感じることができます。子どもたちの関わりの様子が見られたら教師はまるごと子どもの姿を受容するようにしたいものです。

子どものよさを開花させる手立て

❶「共に学ぶ」を意識する

インクルーシブ教育システムにおいては，すべての子どもたちが同じ場で共に学ぶことを目指しています。それぞれの子どもが，授業の内容がわかり学習活動に参加している実感・達成感をもちながら，充実した時間を過ごし生きる力を身につけていくことが本質的な視点です。

では，「共に学ぶ」ために，どのような配慮をすればよいのでしょう。具体的には，道徳科の学習過程において想定される様々な困難さに対する配慮や手立てになりますが，例を挙げながら考えていくことにします。

❷困難さを取り除いたとき，よさが開花する

①「読む・書く」が苦手（高学年男児の例）

読書の時間になると，いつも図鑑を見ています。本を読む習慣がなく，文字を見ると頭が痛くなると言います。教科書にふりがなをふっても知らない言葉が多く，「意味がわからないからやらない」と投げ出してしまいます。しかし，教師が読み聞かせると，物語の大筋は捉えることができ，楽しかったことや困ったことがあると教師や友達に話をしにきます。「聞く・話す」ことは抵抗なくできていたので，自分の考えを文字に表現しなくても，口頭で答えればよいという約束にしました。グループ学習では，話し合ったことを友達が書き取る役を引き受けてくれたので，自信をもって自分の考えを発言することができました。

②集中力が続かない（中学年女児の例）

授業に集中できず，外を眺めたり，手遊びなど学習とは別のことをしたりしています。「今，ここですよ」と注意を促すと，そのときは教科書を見ますが，また学習から離れてしまいます。日常の学習活動から，15分くらいなら集中できることがわかってきました。そこで，45分を15分ずつ一区切りとして，導入から教材の理解，役割演技，話し合いという流れで授業を組んでみました。すると，役割演技は友達と一緒に楽しみながら行うことができたのです。

③ルールを守ることが困難（低学年男児の例）

話を最後まで聞いたり，約束や順番を守ったりすることが苦手です。道徳科の教材の場面絵を見て，「これ，ぼくだ。右側を歩かないで走ったから，○○さんとぶつかって，たんこぶができた」と大きな声で発言しました。「どうすればよかったのかな？」と聞くと，「右側を歩かないとぶつかる」と答えて「○○さん，ごめんね」とつけ加えました。友達から「今は，ルールを守っているから大丈夫だよ」と声をかけられ，うれしそうな顔になりました。教師からも認め励ますと，その日はいろいろなことに気をつけながら進んで行動していました。

④相手の心情理解が難しい（高学年女児の例）

　相手の気持ちを想像することが苦手で，語彙も少ないために，友達からも誤解されやすいところがあり，自身も悩みを抱えています。他者の心情を理解するために，役割演技を意図的に取り入れ，役割を交代して劇化しました。また，登場人物のセリフを考え，ふきだしに書き，友達と話し合いを繰り返すうちに，「そういう考え方もあるんだね」と他者の意見を受け入れる様子が見られるようになりました。

　学級の中には，このように様々な学習上の困難さを抱える子どもたちがいます。教師はその困難さの状況を十分に理解した上で，指導や評価の在り方を考えていきます。指導や評価を行うに当たっては，困難さの状況ごとの配慮を踏まえることが重要です。

　また，他の子どもたちからの理解も必要で，許容できるような学級の雰囲気をつくることが一番です。安心できる落ちついた教室環境の中で，一人ひとりの個性を大切にした見取りや順序立てた論理的な説明を根気よく繰り返していくことで，子どもたちは，落ちついて考えられるようになり，徐々に友達の意見にも耳を傾けるようになります。

　一人ひとりの子どもたちへの配慮や指導の結果，相手の意見を取り入れながら自分の考えを深めていたり，多面的・多角的な見方へと発展させたり，道徳的価値を自分事として捉えていたりしている様子が見られたら，その部分を認め，ほめ，勇気づける評価をしていきます。子どもの成長を積極的に受け止めた個人内評価こそ，子どもが自身で学びの足跡を確認し，よりよい在り方や生き方を目指し，さらなる一歩を踏み出し，よさを開花させていくものとなります。

❸学習評価が有効に働くために

　教師が子どものよさを見取ることはもちろんですが，よさを見取る環境であるのかを見直し整備することが重要です。すべての子ども同士が対等な立場で，「よくわかる」「これは，できる」「一緒に学ぶと楽しい」と感じる授業が保障されれば，子どもたちは前向きになります。子ども一人ひとりが自己肯定感を高め，他者と共によりよく生きるためのものの見方，感じ方，考え方について双方向的に対話し，自身を振り返り，明日への自分へと踏み出していきます。道徳科の学習評価は，子どもたちが共有し合う学習の場が基盤にあってこそ，有効に働き生きるのです。協働的な学びが成立してこそ，子どもは教師の評価をより肯定的に捉え，他者の大切さを実感し，深く学ぶことができます。そして，子ども自身がよりよく生きようとする自己イメージの向上に意欲喚起をしていくのです。

〈三ツ木純子〉

> 🍀 まとめ
> ・子どものよさは，「共に学び，共に見つける」がキーワード

5章

インクルーシブ教育
×道徳科Q＆A

❶教材を事前に読んでおくようにする

　前日の宿題にしてもよいですし，朝自習の時間に読むように指示することも考えられます。書字を追うことが難しい子どもには家庭に連絡して保護者の協力を得ることも大切でしょう。いずれにしても本時を迎える前に教材にふれさせておくことで登場人物や背景などが少し理解できていると，道徳の時間の学習にスムーズに入ることができます。

　また，高学年の教材などで歴史的な背景や難しい用語が出てくる場合は，副教材を作成してそれも一緒に事前に与えるなどしておくと，本時の中で時間をかけずに教材を理解することができるでしょう。

❷イラストや場面絵を的確に使う

　教材を読む前に，あらすじを説明します。特に複数の人物が出てくる場合は，表情がわかるようなイラストと名前，関係性や場面絵も黒板に示し，おおまかな筋を話してから教材を読むようにします。間をあけたり登場人物や場面の絵を指し示したりして範読し，子どもたちの表情を確認しながら教材を読み進めることで，教材の内容をより確かに理解することにつながります。

❸教材の提示方法を工夫する

　読み物教材を扱う場合，文章の量や表現の仕方によっては子どもが簡単には理解できないこともあります。そのようなときには，場面絵を使って紙芝居形式にして提示したり，ペープサートやパペット，お面のようなものを使ってミニ劇場にしたりすると，文字から場面の状況を理解することが難しい子どもや注意が散漫になりがちな子どもにも，楽しみながら集中して本時の教材の理解を促すことができます。その際の教材作成は，一教師の工夫にとどめるのではなく，学校全体の教材とすることができるよう，複数で作成し，教師同士も楽しみながら教材研究につなげることができるとなおすばらしいでしょう。

　また，教材の理解のために使ったペープサートなどは，発問の中で登場人物の気持ちや考えを想像する際に活用することもできます。

Q2
本時のねらいを自分事と捉えるようにするためには，どのような支援が考えられるでしょうか？

❶年間計画を確認する

　道徳の時間の学習が絵空事にならないためには，実際の生活と関連していることが大切です。そのためには，年間計画の中で内容項目の配列が他の学習活動や学校行事等と関連させやすい時期になっているかを確かめておくことも必要です。学校で作成している道徳教育全体計画の別葉も確認して，1時間の道徳の学習を学校全体の教育活動の何と関連させることができるか，目の前の子どもたちの毎日とどのようにつなげられるかを指導者が明確に意識していることが重要になります。

❷本時で扱う内容を事前に意識させておく

　今度の道徳の時間にどのような内容で学習するか，子どもたちに事前に意識させておくことが効果的です。「きまりを守って行動できたか」「最近，親切にできたことは」「友達とけんかしてしまった経験はあるか」など，内容項目に関わる具体的な経験を学校行事や日常の生活の中から思い出させておくと，本時のねらいは自分にも関係のあることだと考えやすくなります。

❸学習課題を子どもと一緒に考える

　教師側としてはこの時間に指導したいことがもちろん決まっているのですが，「今日は『親切』について勉強しましょう」とはじめから言ってしまっては，もうその段階で子どもは学びたい，考えたい，自分に必要なことだ，と思うことはできません。事前に意識していた身近な経験から，「どうしてあのとき親切にできなかったのだろう」「どうして○○君はあのときやさしく声をかけてくれたのだろう」など，「どうして，なぜ」「自分もそうなりたい」と思えてこそ，本時のねらいが自分に関係あると思うことができるのです。

　事前の体験を導入で出し合い，できなかった残念な出来事やしてもらえてうれしかったこと，されて嫌だったことなどを共有し，どんな考え方をすればできる自分になれるのか，できている人はどんな考え方をもっているのか，知りたい，できるようになりたい，という気持ちにさせて，「じゃあ，今日はこんなことを考えたらいいね」と一人ひとりの顔を見ながら本時の学習課題を板書しましょう。

Q3
登場人物の気持ちを考えることや表現することが難しい子には，どのような支援が考えられるでしょうか？

❶気持ちを表すカードを活用する

　子どもたちの中には，教材のお話に登場する人物の気持ちや考え方を想像することに困難さを感じている子がいます。それでも，複雑な表現ではなく，「うれしい気持ち」「楽しい気持ち」「悲しい気持ち」などであれば理解できたり，言えたりするかもしれません。笑っている，泣いている，怒っているなどのいろいろな表情のカードや暖色系，寒色系の色がついたカード，気持ちメーターなど，指をさしたり，黒板に貼ったり，もし一人ひとりにカードが用意できるのであればそれを出したりして文中の人物などの気持ちを簡単に表現できるようにするのはどうでしょう。

❷動作化，ロールプレイを工夫する

　架空の人物の気持ちは想像できなくても，実際に自分が体験したら表現できることもあるでしょう。教材の中の場面の動作をしてみたり，役割を演技したりすることによって，そこでどのように感じたかを言葉にできるかもしれません。その際には，役になりきるための小道具を用意したり，お面をかぶらせてみたり，ヒントとなるセリフの出だしを用意したりすると，登場人物になりきって，そのときの気持ちを考えやすくなるでしょう。

❸何に困難さを感じているのかを見極める

　登場人物の気持ちや考え方を想像することで道徳的な価値を見出す授業では，それを想像することが困難なのか，わかっているけれど言葉にして人前で表現することが困難なのかに指導者が気づいてあげることが重要です。教室には様々な感覚をもった子どもたちが集まっていますから，とてもすばらしいことを考えていてもみんなの前で話すことに抵抗がある子どももいるでしょう。反対に，あまり深く考えることなくどんどん発言できる子どももいるでしょう。毎回毎回話ができる子どもを中心に授業が進んでいると，話せない子どもはどんどん授業の中心から遠ざかってしまいます。まず，紙に書いて自分の考えをまとめておく，場合によっては隣の子と交換して読み合う，かわりに発表する，などの方法で自分の考えが共有されていくことへの安心感を少しずつ積み重ねていくとよいかもしれません。

Q4
本時でつかんだ価値をしっかり理解させるには，どんな手立てがあるでしょう？

❶本時のねらいが自分事になるようにする

　Q2にあるように，本時の学習のスタートから今日の学習は自分のために必要だ，という思いをしっかりもたせておくことが大切です。自分が知りたい，もっとよい自分になるためには今日の学習が必要だ，という思いがあれば，その答えになる本時のまとめを主体性をもって受け止めようという気持ちになるはずです。

❷板書の工夫をする

　黒板には，本時で考えたいこと（ねらいや内容項目），教材の中の登場人物の考え，理解を助ける場面絵などを提示することが多いと思います。それらを子どもの理解の助けとなるように計画的に構造的に考えておくことが大切です。子どもの意見がたくさん出たからといって，それらを次々に板書してしまうと，終わったときにはどこに何が書いてあるのかわかりづらくなってしまいます。場面絵は後ろの席の子どもからも見えるように大きく，気持ちを考えさせたい登場人物の表情はわかりやすいものを黒板のどこにどのように貼るとより効果的か，高さや左右の位置なども工夫しましょう。登場人物の心情によって，右から左へとだんだん高くなっていったり，複数の人物を対比的に並べたりすることも，価値をつかみやすくなることにつながります。

　そして，本時でつかんだ価値はチョークの色を変えたり，枠で囲んだりして大切さが伝わるように板書することが重要です。1時間の授業が終わった後に，本時の学びが一目でわかりやすくなっているか，子どもの席から見てみるとよいでしょう。

❸教室の環境整備をする

　せっかく効果的な板書ができても，それを取り囲む黒板周りがごちゃごちゃしていては台無しです。道徳の時間に限ったことではありませんが，視覚に入ってくる情報が多ければ多いほど，物事の理解が困難になる場合があります。黒板の周りや黒板そのものもできるだけすっきりさせ，その日の時間割も授業のときには左右の面にずらせるように小黒板に掲示するなど，教室全体の環境整備も見直してみましょう。

Q5
登場人物の気持ちや考えたことを書けない子には，どのような支援が考えられるでしょうか？

❶書く内容をはっきりさせる

　残念な話ですが，なかなか取り組めない子が見られる教室では，教師の指示がわかりにくい，ということもあります。今から何について考えるのか，誰のどんなことについて書くのか，あらかじめわかりやすいワークシートを作成しておくと，耳から入ってくる指示が多少わかりにくくても，取り組みやすさにつながります。そのワークシートは「〇〇さんが〜したときの気持ちを書きましょう」という問いがあって，大きな枠がどんとある，という形ではなく，例えば，「〇〇さんが◯◯◯◯したときの気持ちは次のどれに近いでしょう。A　楽しい，B　おもしろい，C　不思議だな」など，記入しやすいように小さな枠や選択肢をつくる，イラストを加えるなどして，取り組みやすい，楽しい気持ちになるワークシートをつくってみましょう。

❷友達が言った言葉を使う

　ワークシートを配る前に，発言できる子どもに考えを言ってもらうことも有効です。教科書の中の言葉より，友達の表現の方が子どもにとっては理解しやすい身近な言葉です。そして，友達の言葉と同じように書くことは決して悪いことではない，その友達のことを認めたからこそできることだ，真似された子にも，認めてもらえたから，よいと思ってもらえたから真似してもらえたのだということを折にふれて話し，そういう学級全体の雰囲気をつくっておくことも大切です。

❸ヒントになる言葉集めをしておく

　人の気持ちや考えを表す言葉は非常に数多くあります。それらを国語の学習などとも絡めてたくさん集め，掲示しておくと書く活動のときの支援になります。プラスの気持ちのときに使う言葉，心があたたかくなる言葉，マイナスの気持ちのときに使う言葉，残念な気持ちになる言葉など，使える語彙の量を増やしておくと，書く活動だけでなく，話すときにも参考になることでしょう。

Q6
自分のことを振り返ることができない子には，
どのような支援が考えられるでしょうか？

❶日頃の関わりを増やしておく

　受け持つ子どもたちとはどの子にも分け隔てなく関わり，支援していくことが大切だということは十分わかっているけれど，関わり方が全く平等というわけにはいかないのもまた，当然の事実でしょう。

　学校生活の中で個別の支援が必要な子どもに対しては，日頃からの声かけや授業中のこまめなアドバイスなどが多くなるに違いありません。

　道徳の時間への準備としても，支援が必要な子どもには「その手の挙げ方，上手だね」「ほうきの使い方がとてもいいよ」「負けてくやしかったのによく我慢できたね」などと，丁寧に見取ってほめたり指導したりすることで，子ども自身が自らの行動を印象づけられるようにします。

❷的確にアドバイスする

　日常的に丁寧な見取りをしていれば，子どもがそんな経験ない，と言ったときに，「この間こんなこと言ってたよね」とこちらから子どもの経験を教えてあげることができます。可能であればそのような取り組みを写真に撮っておくのもよいでしょう。言葉から思い出すよりも視覚で確認する方が思い出しやすい子もいると思います。そのような中で一緒に活動した友達やクラスメートの経験談にふれさせることも１つの方法です。

❸日々の振り返りを習慣づける

　１行日記のような形でよいので，毎日の出来事を振り返る習慣づけをすることに学級全体で取り組むこともよいです。今日一番楽しかったこと，くやしかったこと，笑ったこと，おいしかったもの，何でもよいので，書きやすいテーマを用意して毎日記録することで，少しずつ慣れて１行が２行になる子もいると思います。

　学校生活の中だけではなく，家庭でのことはこのような形で記録に残っていると道徳の時間の導入にも学習後半の振り返りにもつながることがあります。

　そしてそれに教師のコメントが入るとなお子どもたちはやる気が出ることでしょう。はんこ１つでもよいので，必ず毎日チェックし，ときどき感想や質問のコメントを入れると子どもとのやりとりができるようになり，意外な一面を知ることもあります。

Q7
友達の発言や経験談を聞くことができない子には，
どのような支援が考えられるでしょうか？

❶自分に関係ある話と思えるようにする

　子どもの中には自分のことで精一杯で自分のことしか考えられなくて，なかなか友達の話や経験談をじっと聞いていられない子もいます。しかし，自分にも同じようなことがあったとか，実は一緒に遊んでいたときの話だったとか，内容に集中することができれば他人事と思わずに聞いていられることもあります。そこで，自分も同じだというときにジェスチャーで示すような発言の聞き方ルールをつくってはどうでしょう。友達の話に必ず反応するというルールです。同じだと思ったらグー，そこにつけたしたいと思ったらチョキ，ちょっと違うことを思いついた，思い出したというときはパーなどとしておけば，次の発言につなげることもできます。

　そして，特に支援が必要だと思う子どもが反応しているときに必ず目を合わせてあげることが大切です。ちゃんと聞いているね，えらいぞ，という教師の気持ちが伝わるようにすることが重要です。

❷席を立ってもよい場面をつくる

　なかなか落ちついて座っていられない，集中が続かない，自分の言葉で発言できないというような子どもは，ずっと席に座っていることが難しい場合もあります。そういうときこそ，実際にやってみる，体を動かすチャンスをつくることも支援の1つです。黒板に紙を貼るときにちょっと持っていてもらう，動作化の小道具を用意する手伝いをしてもらう，ペアトークのときの示範の相手をしてもらうなど，いろいろな子に前に出て何かをするチャンスをつくって，次は自分が何かできるかもしれない，と注意をそらさないような仕掛けを用意しておくと，学習に集中して取り組みやすくなります。

❸授業の形態を変化させる

　道徳科の時間は教材について議論し，友達の考えからさらに自分の考えを深めていくという話し合いの形をとることが多くなります。1単位時間の中で，全体で考える時間，グループで考える時間，隣の子と話をする時間など，話し合いの形を変化させ，メリハリをつくることで途切れそうになった集中力を復活させることも考えられます。

そもそも道徳なんておもしろくないという子には，どのような支援が考えられるでしょうか？

❶道徳の時間の目的を意識させる

　道徳科の時間は学校教育全体の中での道徳教育とは違います。何がいけないことで，どうすることがよいことなのか，一般論や教師の考えを押しつけられる時間ではなく，自分の身近に起きた出来事を振り返り，それがどういうことだったのか自分あるいは友達との会話から気づく時間です。ですから，道徳科の時間は，自分が失敗してしまったこと，世間一般からしたら叱られかねないことでも，それを自ら振り返り，気づくことができたらそれがすばらしいことなのです。道徳科の時間の中で話したことは門外不出，クラスみんなで共有する秘密などと最初の道徳開きできちんと説明し，自分がしてしまったよくないことを話しても叱らず，よく言えたね，いいことに気づいたね，とほめるようにして，道徳科の時間はどんなことを話しても大丈夫だという安心感を与えるようにしましょう。

❷どんな考えも受け止めるようにする

　そのような，安心してどんな話でもできる学級経営ができたとしても，教材について話し合う中では，的外れな考えを言う子も出てきます。もしかするとわざとへそ曲がりな発言をする子もいるかもしれません。そのようなときでも，「○○さんはそういうふうに思ったんだ」と教師は必ず受け止めたり受け流したりするようにして，否定はしないようにします。認めがたい意見の場合は，教師がするのではなく，他の子どもたちに「みんなはどう思う？」と聞いてみると，子ども同士の方が上手に返してくれることもあるでしょう。

❸終末を大切にする

　道徳的なより高い価値がはっきりし，自分にとって大切なことがわかった後で，それを実践している人の話を聞いたり場合によっては一緒に実践してみたりすることで，自分にもできそうだな，やってみたいな，やってみるとこういう気持ちになるんだなと感じさせる終末はとても重要です。絶対に避けなければならないのは，「じゃあ，これからみんなもこういうふうにできるといいよね」と価値の実践を強要しかねない最後の一言です。終末はあくまでも，自ら進んで実践したいと思えるようにほんわかとやわらかい雰囲気で終わるように心がけましょう。

〈仲川美世子〉

おわりに

　編著者は，学校教育における「インクルーシブ教育」の在り方を多年問い続けてきました。なぜなら，学校教育の理想を教育の場で敷衍するイメージをふくらませると，「自立したひとりの人間として他者と共によりよく生きるための基盤となる道徳性を養う」という道徳教育の目標実現以外にないと思われるからです。同時に，「障がい」という人と人とを隔てる意識の壁もあまり意味をもたないと考え続けてきました。そして，もし学校教育の場で道徳教育が当然のように展開されるようになったなら，「障がい」も学習者の個性として共有され，必要な配慮がなされるに違いないと確信するのです。こんなごく当たり前のことをあらためて述べる現実も否定できませんし，本書刊行の意義もあるのだと考えます。

　さて，学校教育自体が本質的には道徳教育そのものであると編著者は理解し，これからの世代を担う若者たちにいつも語りかけて夢を託しています。そんなときにふと脳裏をよぎるのが『論語』の一節，「子曰，朝聞道，夕死可矣，／子の曰わく，朝に道を聞きては，夕べに死すとも可なり」（巻第二　里仁第四　八／岩波文庫／金谷治訳注）という名文です。

　今更ながらに人間の本質を射抜く名言であると感得してしまいます。古今東西，老若男女を問わず，人は誰しも学びを欲してきました。人は誰しも自らの生き方については切実に知りたい，深めたい，納得したいと一生涯をかけて彷徨するのではないでしょうか。そして，その学び方も十人十色で，それこそ個別最適な学び方を駆使する「自分探しの旅」に違いありません。簡単なように思っていたら意外と難しかったり，難しいように感じていたら案外簡単だったり，なかなか捉えどころのないのが道徳学びなのかもしれないと多年この世界で問い続けてきたにもかかわらず，この頃は妙な納得を編著者はするようになってきました。そんな学びの本質，「いかに善く生きるか」と希求する人間誰しもの問いは，やはり「道徳科」で体現されなければならないと思わずにはいられません。本書に一貫する屋台骨のようなものがあるとするなら，それこそそれ以外にないと思います。換言すれば，「障がい」があるとかないとかの次元ではなく，「善く生きる」という学びの本質を問い続けていくと，そこにはインクルーシブな道徳科しか残されていないと考えるのです。

　国民的な児童文学者として知られる新美南吉（1913－1943）は，作品『でんでんむしのかなしみ』の中で，自分が抱える悲しみの正体をひたすら追い求めて彷徨するでんでんむしの生き方を通して，自己省察（哲学すること）の大切さを語りかけています。人間誰しも希求する自らの生き方についての最適解，それを課題探求する道徳科授業を目指すなら，そこには「インクルーシブ教育×道徳科」の無限な積があるように思う次第です。

令和３年文月　田沼茂紀記す

【執筆者紹介】 （執筆順）

田沼　茂紀　國學院大學教授

龍神　美和　桃山学院教育大学准教授

森重　孝介　山口県宇部市教育委員会学校教育課指導主事

尾崎　正美　岡山県瀬戸内市立国府小学校

鈴木　賢一　愛知県あま市立七宝小学校

名上　友希　千葉県香取市立山田小学校

吉野　剛史　神奈川県横浜市立東台小学校

福田衣都子　熊本市教育センター

門脇　大輔　鳥取県鳥取市立末恒小学校

中橋　和昭　石川県白山市立蕪城小学校

酒井　理恵　京都府京都市立向島秀蓮小中学校

近藤　和徳　新潟県新潟市立西幼稚園

田屋　裕貴　神奈川県相模原市立横山小学校

納　　由理　兵庫県芦屋市立精道小学校

梅澤　正輝　東京都新宿区立戸塚第一小学校

竹内　磨吏　高知市立義務教育学校土佐山学舎

三ツ木純子　元神奈川県川崎市立鷺沼小学校

仲川美世子　神奈川県横浜市立榎が丘小学校

【編著者紹介】

田沼　茂紀（たぬま　しげき）

新潟県生まれ。上越教育大学大学院学校教育研究科修了。國學院大學人間開発学部初等教育学科教授。専攻は道徳教育学，教育カリキュラム論。

川崎市公立学校教諭を経て高知大学教育学部助教授，同学部教授，同学部附属教育実践総合センター長。2009年より國學院大學人間開発学部教授。同学部長を経て現職。日本道徳教育学会理事，日本道徳教育方法学会理事，日本道徳教育学会神奈川支部長。小・中学校道徳科教科書『きみがいちばんひかるとき』（光村図書）編集委員。

主な単著，『人間力を育む道徳教育の理論と方法』2011年，『豊かな学びを育む教育課程の理論と方法』2012年，『心の教育と特別活動』2013年，『道徳科で育む21世紀型道徳力』2016年，『未来を拓く力を育む特別活動』2018年，『学校教育学の理論と展開』2019年（いずれも北樹出版刊）等。

その他の編著，小学校編・中学校編分冊『道徳科授業スタンダード「資質・能力」を育む授業と評価「実践の手引き」』2019年（東洋館出版社刊），『中学校「特別の教科　道徳」の通知表文例320―ＮＧ文例ガイド付』2019年（明治図書刊），小学校編・中学校編分冊『子どもの心にジーンと響く道徳小話集』2019年（明治図書刊），『問いで紡ぐ小学校道徳科授業づくり』2020年（東洋館出版社刊），『道徳科重要用語事典』2020年（明治図書刊），低・中・高学年分冊『板書＆イラストでよくわかる　365日の全授業　小学校道徳』2021年（明治図書刊），監修『個性ハッケン！　50人が語る長所・短所』（全5巻）2018年（ポプラ社刊）等多数。

道徳科授業サポートBOOKS

インクルーシブな道徳科授業づくり

個別最適な学びの実現

2021年10月初版第1刷刊　Ⓒ編著者　田　沼　茂　紀
　　　　　　　　　　　　発行者　藤　原　光　政
　　　　　　　　　　　　発行所　明治図書出版株式会社
　　　　　　　　　　　　　　　　http://www.meijitosho.co.jp
　　　　　　　　　　　　（企画）茅野　現（校正）嵯峨裕子
　　　　　　　　　　　　〒114-0023　東京都北区滝野川7-46-1
　　　　　　　　　　　　振替00160-5-151318　電話03(5907)6702
　　　　　　　　　　　　ご注文窓口　電話03(5907)6668

＊検印省略　　　　　　　　組版所　長野印刷商工株式会社

本書の無断コピーは，著作権・出版権にふれます。ご注意ください。

Printed in Japan　　　　　　　　ISBN978-4-18-375611-4
もれなくクーポンがもらえる！読者アンケートはこちらから　→